国学新读本

山 海 经

郑慧生 注说

河南大学出版社

国学新读本编辑委员会

总策划　马小泉

主　编　李振宏

编　委　(以姓氏笔画为序)

马小泉　王　健　朱绍侯　刘小敏

李中华　李振宏　苏凤捷　何晓明

张云鹏　张富祥　宋会群　杨天宇

杨寄林　杨朝明　赵国华　郑慧生

姜建设　袁喜生　曹　峰　曹础基

曾振宇　戚良德　龚留柱　熊铁基

目　录

序 …………………………………… 李振宏（ 1 ）
《山海经》通说 …………………………………（ 1 ）

南山经 ……………………………………（ 49 ）
　南山经 ……………………………………（ 49 ）
　南次二经 …………………………………（ 52 ）
　南次三经 …………………………………（ 56 ）

西山经 ……………………………………（ 60 ）
　西山经 ……………………………………（ 60 ）
　西次二经 …………………………………（ 66 ）
　西次三经 …………………………………（ 70 ）
　西次四经 …………………………………（ 78 ）

北山经 ……………………………………（ 83 ）
　北山经 ……………………………………（ 83 ）
　北次二经 …………………………………（ 89 ）
　北次三经 …………………………………（ 93 ）

东山经 …………………………………………………（103）
　东山经 …………………………………………………（103）
　东次二经 ………………………………………………（106）
　东次三经 ………………………………………………（109）
　东次四经 ………………………………………………（111）
中山经 …………………………………………………（114）
　中山经 …………………………………………………（114）
　中次二经 ………………………………………………（117）
　中次三经 ………………………………………………（119）
　中次四经 ………………………………………………（121）
　中次五经 ………………………………………………（123）
　中次六经 ………………………………………………（126）
　中次七经 ………………………………………………（130）
　中次八经 ………………………………………………（135）
　中次九经 ………………………………………………（139）
　中次十经 ………………………………………………（143）
　中次一十一山经 ………………………………………（145）
　中次十二经 ……………………………………………（153）
海外南经 ………………………………………………（158）
海外西经 ………………………………………………（164）
海外北经 ………………………………………………（170）
海外东经 ………………………………………………（176）
海内南经 ………………………………………………（181）
海内西经 ………………………………………………（186）
海内北经 ………………………………………………（191）

海内东经	(198)
大荒东经	(204)
大荒南经	(212)
大荒西经	(220)
大荒北经	(230)
海内经	(238)
参考文献	(248)
后　　记	(251)

序

最近一些年来,一股"国学热"的思潮强劲涌动,在文化学界以至于整个社会上,引起了强烈反响。为什么在这样一个社会的大变革时代,在从传统社会向现代社会的转型期,最为传统的国学,却能引起国人的极大兴趣,这的确是一个值得思考和研究的问题。

"国学"作为一个学术文化概念,产生于近代。从渊源上讲,"国学"概念的产生,与"国粹"有些关联,并且是从对抗西学侵入的角度提出来的。今天,中华民族早已是一个独立于世界民族之林的自立自强的民族,全球经济一体化所带来的世界文化的汇合与交融,也早已是历史发展的必然趋势,而在这样的历史大势中,却会有"国学热"的产生,乍一看来,确有不可思议之处。但实际上,国学的当代走红,则与我们今天所处的历史时代有着一定的关系。

随着改革开放的迅速推进,随着市场经济的强劲发展,传统道德受到了强烈冲击,传统文化与现代文化观念的碰撞也日益强烈。于是,如何看待传统文化的问题,就严峻地提到了国人的面前。传统文化的出路何在,它从何而来,要走向何方,如何对之进行价值重估,一切关心文化问题,有着强烈历史责任感的人们,无不把关注的目光投向中国的传统学术。当然,也不排除一些对改革开放和市场经济所带来的冲击无法理解和接受,对现代经济发展对传统道德的亵渎强烈抗议的人们,自然而然地发出向传统文化复归而倡导国学的呼声。总之,不论是出于积极的思考,还是抱着一种向后看的心态,对国学的重视则成了最近十多年来一种普遍的文化选择。

于是,对待"国学热"就需要有一个分析的态度。对于任何一个民族的发展来说,传统文化都是其牢固的根基,是其一切历史的出发点,摒弃传统、甚至全盘否定传统文化,都是幼稚可笑的,不可取的。但一遇到问题就求助于传统,甚至一味狂热地提倡向传统复归,也是走不通的,过去那句常说的"倒退是没有出路的"话,虽说不是什么至理名言,却也还是有些道理的。这些年来,一些地方出现的中小学生、甚至幼儿园小朋友的读经热,就是一种值得注意的倾向。国学,毕竟是一种学术,需要有一定的文化基础,有一定的分析批判能力,才能对之进行识读、鉴别而决定其取舍。所以,严格地说,对于国学,尤其是经学,在当代中国,需要的是研究以及在此基础上的批判继承,而不是再像传统社会中那样采取唱诗班的方式,对青少年一代进行无分析地灌输。因此,如何弘扬传统文化,就是一个需要思考的问题。

正是基于以上考虑,为着弘扬优秀传统文化的需要,也为着对社会上盲目崇尚读经的风气有所引导,我们组织了这套"国学新读本"丛书,选择一些在中国传统文化中影响较大的国学典籍,对之进行简明扼要的注释,然后在读本前边,用较大篇幅解读该典籍的基本思想文化内涵,评述其在中国文化史上的地位和影响,并对如何阅读该典籍做出读书方法上的引导。通过这样一个较为翔实的导读内容,以批判分析的态度,给青年人的国学典籍阅读提供一个健康的思想导向。根据这样的宗旨,这套丛书,在大的结构上,每本都分为通说和简注两个部分,通说是导读的性质,简注在于疏通文字,希望这样的安排,能够为青年朋友和一般社会读者提供一个国学入门的向导。果能如此,也就实现了撰著者和出版者的愿望。

  国学所以是国学,就在于它是我们祖国优秀民族文化和民族精神的载体。在这些国学典籍中,包含着民族文化的基因,蕴藏着民族精神的范型。衷心期待这套丛书能够成为广大读者学习国学精华,体认民族精神,继承祖国优秀文化遗产的良师益友。

李振宏
2008 年 2 月 28 日

《山海经》通说

一 《山海经》的作者、时代及其版本的流传

（一）《山海经》一书的作者及其时代

关于《山海经》一书的作者及其时代,刘歆在《上〈山海经〉表》中说:

《山海经》者,出于唐虞之际。昔洪水洋溢,漫衍中国,民人失据,敁(崎)颙(岖)于丘陵,巢于树木。鲧既无功,而帝尧使禹继之。禹乘四载,随山栞(刊)木,定高山大川。益(盖字之讹)与伯翳主驱禽兽,命山川,类草木,别水土。四岳佐之,以周四方,逮人迹之所希至,及舟舆之所罕到。内别五方之山,外分八方之海,纪其珍宝奇物,异方之所生,水土草木禽兽昆虫麟凤之所止,祯祥之所隐,及四海之外,绝域之国,殊类之人。禹别九州,任土作贡;而益等类物善恶,著《山海经》,皆圣贤之遗事,古文之著明者也。

《列子·汤问》中有几句话,像是在说《山海经》:

有鸟焉,其名为鹏,翼若垂天之云,其体称焉,世岂有知其

物哉？大禹行而见之，伯益知而名之，夷坚闻而志之。

《论衡·别通篇》说得直截了当：

> 禹、益并治洪水，禹主治水，益主记异物。海外山表，无远不至，以所闻见作《山海经》。

《吴越春秋·越王无余外传》则说得更加详细：

> 禹乃东巡，登衡岳……庚子，登宛委山，发金简之书。案金简玉字，得通水之理……遂巡行四渎，与益、夔共谋，行到名山大泽，召其神而问之，山川脉理，金玉所有，鸟兽昆虫之类，及八方之民俗，殊国异域土地里数，使益疏而记之，故名之曰：《山海经》。

以上所论，《山海经》创作于唐虞时代，作者是夏禹与伯益。但其书中却出现了不少秦统一后才产生的地名，这应该如何解释呢？颜之推说：

> 或问："《山海经》夏禹及益所记，而有长沙、零陵、桂阳、诸暨……如此郡县不少，以为何也？"答曰："史之阙文，为日久矣；加复秦人灭学，董卓焚书，典籍错乱，非止于此……皆由后人所羼，非本文也。"（《颜氏家训·书证》）

关于古籍的错乱编次、佚衍窜改，特别是《山海经》以及其他历史文献，情况都是严重的。《水经·河水注》说：

> 《穆天子传》《竹书》及《山海经》，皆藴缊岁久，编韦稀绝，书策落次，难以辑缀。后人假合，多差远意。

《山海经》到了唐初，关于它的作者，又出现了一种说法，不是禹、益，而是只剩下了夏禹一个人。《隋书·经籍志》说：

> 汉初，萧何得秦图书，故知天下要害。后又得《山海经》，相传以为夏禹所记。

宋孝宗淳熙七年（公元1180），池阳郡斋尤袤（延之）刻印《山海经》行世，他在跋文中说：

> 《山海经》十八篇,世云夏禹为之,非也。其间或撰启及有穷后羿之事。汉儒云鹥为之,亦非也。然屈原《离骚经》多摘取其事,则其为先秦书不疑也。

跋文不承认夏禹、伯益就是《山海经》的作者,只认为《山海经》是一部先秦古书。

不料南宋的朱熹,却提出了一个令人吃惊的问题。他认为《山海经》和另一部古籍《淮南子》,都不是什么原始文献,而是人们为了解释《天问》,有意造作出来的古书。他在《楚辞辨证·天问》里说:

> 大氐古今说《天问》者,皆本此二书(案指《山海经》与《淮南子》),今以文意考之,疑此二书本皆缘解此《问》而作。

朱论一出,学者响应。陈振孙谓此说"可以破千载之惑"(《直斋书录解题》),但余嘉锡却不信,说:"似乎不然。"(《四库提要辨证》)

自殷墟甲骨卜辞出现以后,人们发现,《山海经》中的一些诡言谲词不可解者,往往能与甲骨卜辞彼此印证,互相发明。这就不能说《山海经》是缘解《天问》而作。它能与商代的文物甲骨卜辞相印证、彼此吻合,说明它的作者,不一定就是唐虞时代的禹、益,但一定是个上古时代的巫师。鲁迅先生说它:"盖古之巫书也。"巫书的作者盖即巫师,其时代大约不会晚于商代。

(二)《山海经》一书版本的流传

《山海经》一书创作于先秦,但先秦典籍里却没见到过它的名字。到了秦统一中国之后,西汉的司马迁才在《史记·大宛列传》中提到了它,还对它表示了不敢相信。西汉后期,刘向、刘歆父子校书,见到《山海经》三十二篇,始把它编成了十八篇定本。并且明确指出,它的作者,是唐虞之际的夏禹和伯益,"禹别九州,任土作贡;而益等类物善恶,著《山海经》,皆圣贤之遗事,古文之著明者也。"(刘歆:《上〈山海经〉表》)东汉班固撰《汉书·艺文志》,著录《山海经》为一十三篇。

现今流传的《山海经》,都是十八篇本子,比《汉志》著录,多了五篇。清人毕沅以为,那多出的五篇,是刘歆增加进去的。《〈山海经〉新校正序》说:

> 刘秀(歆)又释而增其文,是《大荒经》以下五篇也。《大荒经》四篇释《海外经》,《海内经》一篇释《海内经》(南、西、北、东),当是汉时所传,亦有《山海经图》,颇与古异。秀(歆)又依之为说,即郭璞、张骏见而作赞者也。

清人郝懿行亦言及十八篇与十三篇的不同。他在《山海经笺疏序》中说:

> 所谓十八篇者,《南山经》至《中山经》本二十六篇合为《五臧山经》五篇,加《海外经》已下八篇,及《大荒经》已下五篇为十八篇也。

和班固几乎同时的王充,他也看到了《山海经》,于是就在《论衡·别通篇》里,重申了该书作者属于禹、益的观点。到了东汉明帝时,人们把《山海经》看做一部治理水患的参考资料,所以皇帝把这部书,赐给了当时的治河专家王景。

出现于汉晋之间的小说《吴越春秋》,它的作者也看到过《山海经》。至于晋人郭璞,他不仅见过《山海经》,还为这部书写了详尽的注文。从此《山海经》经文与注文并行于世,不可分矣!东晋陶潜、北魏郦道元、北齐颜之推,他们都在自己的著作里,用不小的篇幅提到这一部书,给人留下了深刻的印象。《隋书·经籍志》著录《山海经》二十三卷郭璞注;《旧唐书·经籍志》则著录《山海经》十八卷郭璞注、《山海经图赞》二卷郭璞注、《山海经音》二卷;至《新唐书·艺文志》,它所著录的《山海经》,则成了《郭璞注山海经》二十三卷、又《山海经图赞》二卷、《山海经音》二卷了。

宋代版印书籍,《山海经》一书也被刻版印刷。目前我们知道的宋代最早的印本,是南宋孝宗七年(公元 1180)池阳郡斋尤袤(延之)刻本。明代的印本不少,但明人校书不精,其正统十年道藏本、明刻毛扆校本、万历十三年吴琯刻黄丕烈、周叔弢校本、又邵恩多校本……均不及宋本使用价值高。另外还有一些校注,如明人杨慎的《山海经补注》(百子全书本)、《山海经释义》(明刻本)、清人吴任臣的《山海经广注》、汪绂的《山海经存》、毕沅的《山海经新校正》、郝懿行的《山海经笺疏》、吴承志的《山海经地理今释》……都可一看。其中郝著《山海经笺疏》用力特勤;今人袁珂所著《山海经校注》甚便读者。

二 《山海经》是一本什么样的书

(一)一部荒诞离奇的《山海经》

《山海经》诡谲瑰丽,荒诞不经,是一部离奇显怪的书。它奇怪到了没人敢于相信的程度,譬如"三首国"的人都是三颗脑袋一个身子;"三身国"的人又是三个身子一颗脑袋;"厌火国"的人口中吐火;"不死国"的人长寿永生……一切奇闻异说,令人不敢相信。不要说全部,就是指出这诡言谲词中的随便一章,也是让人无法相信的。像"夸父逐日"(《海外北经》),他"渴欲得饮,饮于河渭,河渭不足,北饮大泽……"他的肚子能装得下河渭,那该有多么大呀!用来吃饭,一顿能吃多少粮食?一个华北平原所产的粮食,够他一顿吃吗?真是事异理乖,不可深究。所以司马迁说:

> 《禹本纪》言河出昆仑,昆仑其高二千五百余里,日月所相避隐为光明也,其上有醴泉瑶池。今自张骞使大夏之后也,穷

河源,恶睹《本纪》所谓昆仑者乎!故言九州山川,《尚书》近之矣。至《禹本纪》、《山海经》所有怪物,余不敢言之也。(《史记·大宛列传》)

《山海经》一书的内容,顾名思义,当然是记海内外各地的山川形势,至少说也是以记海内外山川形势为主。但这部书除记各地山川形势外,它又以极大的注意力,记载了全国各地的神祇祭祀、人情风貌、奇禽异兽……几乎成了一部风土志。所以《汉书·艺文志》在进行图书分类时,就把它列入了"形法家"一类。什么叫"形法"?《汉志》说:

形法者,大举九州之势以立城郭室舍,形人及六畜骨法之度数、器物之形容,以求其声气贵贱吉凶,犹律有长短,而各征其声,非有鬼神,数自然也。然形与气相首尾,亦有有其形而无其气、有其气而无其形,此精微之独异也。

"形法者,大举九州之势以立城郭室舍……"假若只说到"九州之势",那么,《山海经》就是一部地理书;但它却又要"形人及六畜骨法之度数、器物之形容",又说什么"形与气相首尾",什么"精微独异"……如此一说,这部书就不只是一部地理书而成了"形法家"著作了。然而从先秦到两汉,这一类的以地理而兼及形气的"形法家"著作并不多见,《汉书·艺文志》能收录到的仅仅"六家百二十卷"。两汉以后,这些书大部分都没有能够流传下来。到了唐初编写《隋书·经籍志》的时候,汉代的"形法家"著作,就只剩下一部《山海经》了。于是唐人取消了"形法家"这一类目,把《山海经》编入了《史部·地理类》。后人再编《唐书·经籍书》、《新唐书·艺文志》以至《直斋书录解题》、《郡斋读书志》都竞相采用此法,把它编为《史部·地理类》书。

但《山海经》却不能作为一部"地理书",地理书讲地要讲出地之"理",如山之脉络、水之派系,脉络、派系即是系统、体系。《山海经》之讲山川河流,讲出了它们之理、讲出了它们之系统、体系了吗?没有。就从这一点上说,《山海经》远远不如《水经》。《水经》讲长江、讲黄河,按先后次序讲出了长江、黄河的每一条支流;《山海经》只说到什么水流入了江、什么水流入了河,而那些注入江的水相互之间谁先谁后?流入河的水谁左谁右?甚至连共有哪几条水流入了江?共有哪几条水注入了河?书中都缺乏应有的综述。读者如果想要知道这些,还得翻遍全书,由自己一条一条地去统计。

因此说,《山海经》不是一部严格意义上的地理书,把它列入地理类书也实在有些勉强。《直斋书录解题》说它:"古今相传既久,姑以冠地理书之录。"一个"姑"字,道出了目录分类学者的暂时、勉强之意以及最后的无可奈何。元人编《宋史·艺文志》,仍然把《山海经》编入《史部·地理类》;清人编《四库全书》,才把它从地理类中抽出来,编到了《子部·小说家类》。

但《山海经》也不能算作真正意义上的小说。它只在个别篇幅里,用不连贯的章节,塑造出了为数不多的典型人物,但又缺乏曲折复杂的故事情节;在大部分的篇幅里,它介绍了那里的山山水水,介绍了那里的风土、物产……以及当地的奇人异事,神祇鬼怪。所以鲁迅先生撰写《中国小说史略》,就把它编入了《神话与传说》一章。并说:

> 中国之神话与传说,今尚无集录为专书者,仅散见于古籍,而《山海经》中特多。《山海经》今所传本十八卷,记海内外山川神祇异物及祭祀所宜,以为禹、益作者固非,而谓因《楚辞》而造者亦未是,所载祠神之物多用糈(精米)与巫术合,盖古之巫书也。然秦汉人亦有增益。

（二）刘歆这样看待《山海经》

《山海经》是一部诡谲荒诞的书，从古到今，几乎没有人敢于相信它，虽然两千多年前刘向、刘歆父子在整理这部书时，曾举出亲身例证，说明它言之不虚，引起大家来读《山海经》的兴趣。但从此以后，这一类的例证，却再也没有出现过。刘歆说：

> 禹别九州，任土作贡。而益等类物善恶，著《山海经》，皆圣贤之遗事，古文之著明者也。其事质明有信。孝武皇帝时，尝有献异鸟者，食之百物，所不（肯）食。东方朔见之，言其鸟名，又言其所当食，如朔言。问朔何以知之，即《山海经》所出也。孝宣帝时，击磻石于上郡，陷，得石室，其中有反缚盗械人。时臣秀（歆）父向为谏议大夫，言此贰负之臣也。诏问何以知之，亦以《山海经》对。其文曰："贰负杀窫窳，帝乃梏之疏属之山，桎其右足，反缚双手。"上大惊。朝士由是多奇《山海经》者，文学大儒皆读学，以为奇可以考祯祥变怪之物，见远国异人之谣俗。故《易》曰："言天下之至赜而不可乱也。"博物之君子，其可不惑焉。（《上〈山海经〉表》）

《表》中所引用的那段《山海经》，见于《海内西经》，其文曰：

> 贰负之臣曰危，危与贰负杀窫窳，帝乃梏之疏属之山，桎其右足，反缚两手与发，系之山上木，在开题西北。

关于这一段文字，郭璞写了很详尽的注文，曰：

> 汉宣帝（《太平御览》引有"时"字）使人（《御览》引有"凿"字）上郡发盘（《御览》引作"磐"）石，石室中得一人，跣

贰负之臣

(《御览》引作"徒",误)踝被发,反缚,械一足,(《御览》引有"时人不识,乃载之于长安,帝"十一字)以问群臣,(《御览》引重有"群臣")莫能知。刘子政(刘向)按此言对(《御览》引无"对"字)之,宣帝大惊,于是时人争学《山海经》矣。论者多以为是其尸象,非真体也。意(《御览》引有"识"字)者以(《御览》引有"为"字)灵怪变(《御览》引无"变"字)化论,难以理测,物禀异气,出于不然(当作"自然"),不可以常运(《御览》引作"理")推(《御览》引有"之"字),不(《御览》引无"不"字)可以近数(《御览》引作"较")揆(《御览》引有"之"字)矣。魏时有人发故周(《御览》有"灵"字)王冢者(《御览》引无"者"字),得殉(《御览》引有"葬"字)女子,不死不生(《御览》引无"不生",有"至"字)数日时(《御览》引作"而")有气,数月而能语,状如廿许(《御览》引有"女子"二字)人。送诣京师,郭太后爱养之,恒在(《御览》作"不离")左右。十余年,太后崩,此女(《御览》引无"此女"二字)哀思哭泣,一年余而死。即此类也。

刘歆《表》中所举的例证,无非说明《山海经》是一部实实在在的百科全书,它里面说的人、说的事都是真的,有一些事物也许你至今还没有看到过,但将来会有一天见到的。《表》中所说的孝武皇帝时献来的异鸟"食之百物,所不肯食",那大概就是《海外南经》中的"毕方",经文说:"毕方鸟在其东,青水西。其为鸟人面一脚。一曰:在二八神东。"《淮南子·氾论》:"木生毕方。"高诱注:"毕方,木之精也,状如鸟,青色,赤脚,一足,不食五谷。"不食五谷与"食之百物,所不肯食"合,故郭璞以为武帝时所献异鸟即为毕方鸟。(《注〈山海经〉叙》)东方朔识之矣!

说到贰负之臣,清人吴任臣《山海经广注》曾作插图一幅,画出了贰负之臣的形象。但孝宣帝时从石室中挖出来的贰负之臣,应该早已死去,不应该是个活人呀!郭璞注《山海经》,注意到了这一点,他把贰负之臣说成是死去的人,谓"论者多以为是其尸象"。尸象——有其形无其命之象,若陶俑、木俑之类。但郭璞举出的又一则例子,却使人大为诧异了。"魏时有人发故周王冢者,得殉女子不死不生,数日时有气,数月而能语。状如廿许人,送诣京师,郭太后爱养之,恒在左右,十余年……"一个女子为王殉葬埋入地下,数百年不死,挖出土后再活过来,重新生活十几年,这不成了《天方夜谭》了吗?但郭璞此言,也不是空穴来风。《搜神记》卷15就记载:

> 汉末,关中大乱,有发前汉宫人冢者,宫人犹活。既出,平复如旧。魏郭后爱念之,录置宫内,常在左右。问汉时宫中事,说之了了,皆有次绪。郭后崩,哭泣过哀,遂死。

郭璞注与此文,可谓大同小异,但用来说明古有贰负之臣、今有贰负之尸象,实在是画蛇添足,无此必要。

那么,我们能不能认为,《山海经》就是一部实实在在的百科全书,它所说的每一种人、每一件事都是真的,都会在现实生活中重新出现呢?

(三) 郭璞:"人之所知,莫若其所不知"

怎样对待《山海经》,郭璞的意见比较中肯,他既不肯定这部书说的都是真事,它们都一定会在我们今后的生活中重新出现;又不随便否定,说这部书里写的都是荒诞不经的奇物怪事。他只告诫我们,自己的眼光短小,不知道的事情太多:

> 世之览《山海经》者,皆以其闳诞迂夸,多奇怪俶傥之言,莫不疑焉。尝试论之曰,庄生有云:"人之所知,莫若其所不知。"吾于《山海经》见之矣。夫以宇宙之寥廓,群生之纷纭(纭),阴阳之煦蒸,万殊之区分,精气浑淆,自相濆薄,游魂灵怪,触象而构,流形于山川,丽状于木石者,恶可胜言乎? 然则总其所以乖(乖),鼓之于一响;成其所以变,混之于一象。世

之所谓异,未知其所以异;世之所谓不异,未知其所以不异。何者?物不自异,待我而后异;异果在我,非物异也。故胡人见布而疑黂,越人见罽而骇毲。夫玩所习见而奇所希闻,此人情之常蔽也。今略举可以明之者:阳火出于冰水,阴鼠生于炎山,而俗之论者,莫之或怪;及谈《山海经》所载,而咸怪之;是不怪所可怪而怪所不可怪也。不怪所可怪,则几于无怪矣;怪所不可怪,则未始有可怪也。夫能然所不可,不可所不可然,则理无不然矣。案汲郡《竹书》及《穆天子传》:穆王西征见西王母,执璧帛之好,献锦组之属。穆王享王母于瑶池之上,赋诗往来,辞义可观。遂袭昆仑之丘,遊轩辕之宫,眺钟山之岭,玩帝者之宝,勒石王母之山,纪迹玄圃之上。乃取其嘉木艳草奇鸟怪兽玉石珍瑰之器,金膏烛银之宝,归而殖养之于中国。穆王驾八骏之乘,右服盗骊,左骖騄耳,造父为御,犇戎为右,万里长鹜,以周历四荒,名山大川,靡不登济。东升大人之堂,西燕王母之庐,南轹鼋鼍之梁,北蹑积羽之衢。穷欢极娱,然后旋归。案《史记》说穆王得盗骊騄耳骅骝之骥,使造父御之,以西巡狩,见西王母,乐而忘归,亦与《竹书》同。《左传》曰:"穆王欲肆其心,使天下皆有车辙马迹焉"。《竹书》所载,则是其事也。而谯周之徒,足为通识瑰儒,而雅不平此,验之《史考》,以著其妄。司马迁叙《大宛传》亦云:"自张骞使大夏之后,穷河源,恶睹所谓昆仑者乎?至《禹本纪》、《山海经》所有怪物,余不敢言也。"不亦悲乎!若《竹书》不潜出于千载,以作徵于今日者,则《山海》之言,其几乎废矣。若乃东方生晓毕方之名,刘子政辨盗械之尸,王颀访两面之客,海民获长臂之衣:精验潜效,绝代县符。于戏!群惑者其可以少寤乎?是故圣皇原化以极变,象物以应怪,鉴无滞赜,曲尽幽情,神焉廋哉,神焉廋哉……(《注〈山海经〉叙》)

世界上的事情是复杂的,多样的,我们所知道的事情远远没有我们所不知道的事情多。就是那些我们所知道的事情,也未必就能说清其中的道理。我们知道的事情虽然还说不清其中的道理,就不觉得它奇怪;我们不知道的事情却是其中有道理的,我们却觉得它奇怪。像《竹书纪年》、《穆天子传》中的西王母,他的事迹,《史记》说了,和《竹书》说得一样,大家就信了,不以为怪了;《史记》没有说的其他事情,《山海经》说了,大家就不信了,以为奇怪了。不知道世界上的事情千变万化,什么事儿不会出现呢?

三 《山海经》与中国文化

(一)《山海经》与民俗学

我国自殷墟卜辞出土之后,人们很快地就发现,《山海经》中的令人无从索解的许多词语,拿到甲骨卜辞中去一对比,互相发明,立即就能涣然冰释,迎刃而解。甲骨文中的疑难问题,拿到《山海经》去对比、发明,也一样可以得到解决。早年甲骨文出土,人们竞相收购、珍藏。刘体智善斋就收购有大骨一版,上面记载着我国远古时代的四方风名和方名,文曰:

东方曰析,风曰劦;

南方曰类,风曰兕;

西方曰夷,风曰彝;

〔   氏〕,风曰役。(《甲骨文合集》14294)

但是,四方风名和方名,一向不为人知。所以这样一版大骨,竟没有引起人们足够的重视,甚至因为它文辞奇特,还怀疑它是伪刻。郭沫若在为善斋编撰《殷契萃编》时,就将这一版卜辞弃置于编外。胡厚宣先生看到这一版卜辞后,联想到《山海经》中经常出现的一些方名、风名,如《大荒东经》:"大荒之中,有山名曰鞠陵于天、东极、离瞀,日月所出。名曰折丹,东方曰折,来风曰俊,处东极以出入风。"胡先生一针见血地指出:经文"东方曰折",乃卜辞"东方曰析",折为析字之讹。《北山经》:"又北五百里,曰錞于母逢之山,北望鸡号之山,其风如飚。"卜辞曰"东方曰劦",此言"其风曰飚",则"其风"为东风矣!《南山经》:"又东四百里,至于旄山之尾,其南有谷,曰育遗,多怪鸟,凯风自是出。"自南谷所出之风为"凯风",此与卜辞"南风曰岂"相吻合。因之知卜辞"岂"字,即经文"凯"字。《大荒西经》:"有人名曰石夷,来风曰韦。"此句与卜辞"西方曰夷"可以互相发明。《大荒东经》曰:"有女和月母之国,有人名曰鹓,北方曰鹓,来之风曰狻。"北方来之风曰"狻",即卜辞北风曰"役"之又一语。有鉴于此,胡先生又与十三次殷墟发掘所得之大龟一版(《殷墟文字乙编》4548)卜辞相印证,得出上古民风祭祀有以四方风名为祭的这一习俗,写出了他轰动一时的大作《甲骨文四方风名考》(《责善》半月刊二卷十九期,1940,12)此文一出,学术界为之一惊,从此大家知道,在远古的民风民俗中,东、西、南、北四方及四方风,都有着各自的专名。

《大荒南经》说:

> 大荒之中,有不庭之山,荣水穷焉。有人三身,帝俊妻娥皇,生此三身之国,姚姓,黍食,使四鸟。有渊四方,四隅皆达,北属黑水,南属大荒。北旁名曰少和之渊,南旁名曰从渊,舜之所浴也。

在这段经文里,有一个非常奇怪的现象。文中的帝俊就是舜,这是大家所公认的,娥皇是帝尧的女儿之一,嫁给了舜,这一点也没有人否认。但是,在远古,儿女均从母姓,更为史籍所载明。《说文》:"姓,人所生也。古之神圣人,母感天而生子,故称天子。因生以为姓,从女生,生亦声。《春秋传》曰:天子因生以赐姓。"段注:

"因生以为姓,若下文神农母居姜水因以为姓,黄帝母居姬水因以为姓,舜母居姚虚因以为姓是也。"

帝尧与舜的姓,古史都有记载。《帝王世纪》说:"帝尧陶唐氏,祁姓也,……或从母姓伊祁氏。"《帝王世纪》说:"舜,姚姓也。"尧姓祁,舜姓姚。尧女娥皇何姓?当然不能随父姓祁,但也不会随母姓姚,因她后来与舜结婚生子,同姓不婚,她不能姓姚。娥皇不姓姚,但她与舜所生子"三身",却是姚姓。姚姓从母所生,三身姓姚,莫非舜不是他的父亲而是他的母亲吗?鄙人旧曾持异端邪说,认为黄帝、尧、舜都是女性,因而遭到学术界痛斥。今观此舜之后代仍为姚姓,忽然念道:莫非舜果然是个母亲,她的子女"三身"才从母姓姚的吗?奇怪!再者,《海内经》云:

　　洪水滔天。鲧窃帝之息壤以埋洪水,不待帝命。帝令祝融杀鲧于羽郊,鲧复生禹。帝乃命禹卒布土以定九州。

郭璞注:"《开筮》(按即《归藏·启筮》)曰:'鲧死三岁不腐,剖之以吴刀,化为黄龙'也。"《初学记》卷22引《归藏》云:"大副之吴刀,是用出禹。"《楚辞·天问》"伯禹腹鲧"已被闻一多校作"伯鲧腹禹"(《楚辞补校》)。这一切都无可置疑地说明了,禹是从鲧肚子里剥离出来的,鲧难道不是一个女人吗?然而辩之者言,"鲧复生禹"不过说明当时的坐产翁制——女人生子,男人在家坐月子。但是,坐产翁制只能出现于一夫一妻制之后,要不,群婚杂交,一个女人生了孩子,叫哪个男人去坐月子?总不能让整个氏族的男青年都去坐吧!而鲧、禹生活的年代,一夫一妻制还没有出现呀!

(二)女儿国与西王母

《山海经》有女子国。《海外西经》说:

　　女子国在巫咸北,两女子居,水周之。一曰居一门中。

又有女丑之尸、女子之国、丈夫之国,《大荒西经》说:

> 大荒之中,有龙山,日月所入……有人衣青,以袂蔽面,名曰女丑之尸。

《海外西经》又说:

> 丈夫国在维鸟北,其为人衣冠带剑。女丑之尸,生而十日炙杀之。在丈夫北,以右手鄣其面。十日居上,女丑居山之上。

既为丈夫国,如何传宗接代?看《海外西经》,知丈夫国人"衣冠带剑",这分明是个中原人的装扮。再看《太平御览》卷361所引《玄中记》中的丈夫民说:

> 丈夫民,殷帝大(太)戊使王英采药于西王母,至此绝粮,不能进,乃食木实,衣以木皮。终身无妻,产子二人,从背胁间出,其父则死,是为丈夫民。去玉门二万里。

《玄中记》的这段文章,是被郭璞看到了。郭氏为《山海经》作传,采录了这段文字说:"殷帝太戊使王孟采药,从西王母,至此绝粮,不能进,食木实,衣木皮,终身无妻而生二子,从形中出,其父即死,是为丈夫民。"

看了这一段注释,使人大为怀疑,所谓的丈夫国里的丈夫只有两个,所以《玄中记》就没有称他为"丈夫国"而只称他们为"丈夫民",再看这个"王英(孟)",他是一个男人,所以生下两个儿子成了"丈夫民"。如果他是个女人扮了男装,如花木兰、祝英台,她"衣冠带剑"采药于西王母,中道饥渴而死,死前产下一对男婴,这个"丈夫民"或曰"丈夫国",不是就不存在了吗?

再看女丑之尸,她像一个被暴焚的女巫。在我国古代的典籍里,就有暴巫焚巫的记载。《左传·僖公二十一年》说:"夏,大旱,公欲焚巫尪。"杜预注:"巫尪,女巫也,主祈祷请雨者。或以尪非巫也,瘠病之人,其面上向。俗谓天哀其病,恐雨入其鼻,故为之旱。是以公欲焚之。"

《文选·思玄赋》注引《淮南子》:"汤时大旱七年,卜用人祀天。汤曰:我本卜祭为民,岂乎自当之!乃使人积薪,剪发及爪自洁,居柴上,将自焚以祭天。火将然,即降大雨。"

《春秋繁露·求雨》说:"春旱求雨……暴巫聚尫……秋暴巫尫九日。"

焚巫求雨的活动,在商代卜辞中屡有记载。《甲骨文合集》第1121正说:"贞:烄有雨?勿烄妦亡雨?"1130说;"勿烄妦亡其雨?叀烄妦有雨?"烄字写作"🔥"像一个交胫而立的人架在火(⋂⋂)上,表示将要被焚的样子。妦和婞都是女人名,烄妦、烄婞就是焚女巫以祈雨,所以卜辞烄总卜问有雨、亡雨。

女丑、女丑之尸,袁珂先生疑为被焚之女巫,在求雨之祭中,以女尸饰"旱魃"而暴之、焚之,故《大荒北经》云:"有人衣青衣,名曰黄帝女魃";《大荒西经》之女丑之尸亦云:"有人衣青。"所谓"生而十日炙杀之"、"十日居上"……乃暴日至第十天而炙杀之,这由《春秋繁露·求雨》之"秋暴巫尫至九日"可证,彼暴巫尫至第九日;此暴女丑至第十日,十日居上,而女尸则炙杀之。杜预注焚巫尫时,尫以瘠病之人,其面上向,天哀其病恐雨入其鼻故不雨;此女丑之尸则恐天哀其病而不雨故"以袂蔽面"。总之,这个女子国大概就是女丑(巫)之国,一个特产女巫的地方。

《海外西经》曰:

女子国在巫咸北,两女子居,水周之。一曰居一门中。

所谓女子国,其实只有两个女子,那只不过是一个小部落、小村庄而已。这样的小"国"有女无男,要想繁衍后代只需越出"国"境别求婚媾也就行了。可是我们的古人为了保持这个"女儿国"的永远存在,留下了一些弥缝之言。

《三国志·魏志·东夷传》:"(沃沮)耆老言:有一国亦在海中,

纯女无男。"这又是一个"女儿国",这国人如何繁衍后代呢?《后汉书·东夷传》说:"海中有女国,无男人。或传其国有神井,窥之辄生子。"

郭璞注《海外西经》女子国云:"有黄池,妇人入浴,出即怀妊矣。若生男子,三岁辄死。周犹绕也。《离骚》曰:水周于堂下也。"

《太平御览》卷395引《外国图》云:"方江之上,暑湿。生男子,三年而死。有黄水,妇人入浴,出则乳矣。去九疑二万四千里。"

所有无夫而孕的神话都是靠不住的。所谓的女儿国,不过是原始社会遗留下来的母系氏族部落而已。在这些部落里,都是女性当家,男子处于附属地位。久而久之,在人们心目中,她们就成了女儿国了。后世文人为了补充、完整这些神话,更造出无夫生子的故事来,也符合层累地造成的中国古史,时代愈靠后,古代神话愈完整。

说穿了,所谓的女儿国,不过是母系氏族社会留下的一个小部落。人们常说的西王母,就是这样的一个部落首领。

在《山海经》里,西王母的形象是:

> 玉山,是西王母所居也。西王母其状如人,豹尾、虎齿而善啸,蓬发戴胜,是司天之厉及五残。有兽焉,其状如犬而豹文,其角如牛,其名曰狡,其音如吠犬,见则其国大穰。有鸟焉,其状如翟而赤,名曰胜遇,是食鱼,其音如录,见则其国大水。(《西山经》)

> 西海之南,流沙之滨,赤水之后,黑水之前,有大山,名曰昆仑之丘。有神——人面虎身,有文有尾,皆白——处之。其下有弱水之渊环之,其外有炎火之山,投物辄然。有人,戴胜,虎齿,有豹尾,穴处,名曰西王母。此山万物尽有。(《大荒西经》)

> 西王母梯几而戴胜杖,其南有三青鸟,为西王母取食。在

昆仑虚北。(《海内北经》)

西王母是母系氏族社会遗留下来的最后一位女性部落领袖,她为后世人所少见,于是被打扮成了一个似怪似仙的神话人物。

(三)《山海经》与商族历史

商民族的先公有高祖王亥。《大荒东经》说:"有人曰王亥,两手操鸟,方食其头。"此句甚不可解,两手操鸟,方食其头,谁食谁的头呢?是操鸟者食他物之头,还是他物食操鸟者之头?

《甲骨文合集》34294 说:"辛巳卜贞:王亥上甲既于河?"王亥的亥字写作𡚦(图),类似这样写的,还有《甲骨文合集》34293、34295、《小屯南地甲骨》1116。《诗·商颂·玄鸟》说:"天命玄鸟,降而生商。"由此可以想到,商民族为玄鸟所生,玄鸟就成了商民族的图腾,于是商族人就在自己高祖王亥的"亥"字上,加上了自己的图腾(或者叫做族徽)鸟头。《山海经》流传既久,于是就把"两手操鸟,方加其头",错成了"两手操鸟,方食其头"了。

关于商先祖王亥的故事,古史中没有留下系统的记载,文献中倒是有一些断简残篇言及于他,但片言只语,不能形成完整的故事。我们只有把一些有关资料收集起来,加以对照研究,才能从中摸索出事件的大致梗概,了解一些历史的真相。《大荒东经》说:

> 有困民国,勾姓而食。有人曰王亥,两手操鸟,方食其头。王亥托于有易、河伯仆牛。有易杀王亥,取仆牛。河念有易,有易潜出,为国于兽,方食之,名曰摇民。帝舜生戏,戏生摇民。

郭璞注曰:

> 《竹书》曰:殷王子亥宾于有易而淫焉,有易之君绵臣杀而放之。是故殷主(宋本作"上")甲微假师于河伯以伐有易,灭之,遂杀其君绵臣也。

《楚辞·天问》在叙述这一段历史时语言断续,辞意破碎,不联系其他资料来看,则几乎不知所云。它说:

> 该秉季德,厥父是臧,胡终弊于有扈……有扈牧竖,云何而逢;击床先出,其命何从?……恒秉季德,焉得夫朴牛,何往营班禄,不但还来?昏微遵迹,有狄不宁,何繁鸟萃棘,负子肆情?眩弟并淫,危害厥兄,何变化以作诈,而后嗣逢长。

对照甲骨卜辞,参看《山海经》以及其他一些先秦文献,我们知道,《天问》中的"该",就是卜辞中的殷之先公"高祖王亥",亦即《山海经》中之五亥,《竹书纪年》中的殷王子亥;《天问》中的季,就是王亥的父亲、《史记·殷本纪》中的冥。有扈实即有易,传写致讹耳!有易即为有狄,易、狄音近字通,殷之先人简狄又作简易可证。《天问》言,殷王子亥继承父亲的事业,发扬其优良传统;但为什么最后遭难于有扈呢……

在原始社会瓦解之后,人类由血缘家庭进入到族外婚阶段。此时的王亥就到邻近氏族有扈(易)氏那里去寻找配偶,找到以后就在那里生活了下来。这是对偶婚制中的望门居现象。但此现象在它初建立的时候并没有深入人心形成铁的法规,入赘青年往往遭到本族男性青年的嫉妒。于是王亥引起有易氏人的反感,被从床上赶了下来而且还杀害了他:"有扈牧竖,云何而逢;击床先出,其命何从?"——有扈氏的这群牧牛小子,怎么就碰上了王亥,以床里追杀出来,他还怎么逃得性命?这就是《易经》里说的"丧牛于易"、"丧羊于易"。(《易·旅·上九爻辞》:"丧牛于易,凶。"《易·大壮·六五爻辞》:"丧羊于易,无悔"。)

王恒是王亥的兄弟,是季(冥)的又一个儿子。他在兄弟王亥丧命于易之后,继承父亲季的事业,更为本民族的兴旺发达而奋斗。他想从有易族人手里,讨回自己兄弟王亥原先带去的朴(服)牛,但经过多次往返交涉,有易人硬是不准备还他——"恒秉季德,焉得夫朴牛;何往营班禄,不但还来?"

王亥的儿子昏微——上甲微,绝不是一个等闲之辈。他遵从先人的步伐行事,治理国家,使自己的民族强盛,给有易(狄)族造成极大的威胁。商民族的后代在荆棘丛中繁衍,大家尽心尽力保护那些初生的婴儿,"昏微遵迹,有狄不宁,何繁鸟萃棘,负子肆情"。

王亥与有易氏的恋情中,也掺有王恒与有易氏的恋情在。上古时代的族外婚恋中,有一种普那路亚婚制,即几个兄弟共有几个姐妹为妻,几个姐妹也共有几个兄弟为夫。兄弟之间成为普那路亚,姐妹之间也成为普那路亚。王亥与王恒同时恋着有易氏的几个女子,此即"兄弟并淫"。这种"并淫"引起了有易氏男子的嫉妒,把他们从床上赶了下来。这就是"有扈牧竖,云何而逢,击床先出,其命何从"的事实真相。

(四)《山海经》中的天文历法

《山海经》中的一些片断令人不解,那就是天文历法材料,羼入了《山海经》中。《大荒西经》说:"有巫山者,有壑山者,有金门之山,有人名曰黄姖之尸……有赤犬,名曰天犬,其所下者有兵。"所谓"天犬",就是一种流星,在天文学上叫做"天狗"。《史记·天官书》说:"天狗,状如大奔星,有声,其下止地类狗。所堕及望之如火光,炎炎冲天。其下圆如数顷田处,上兑者则有黄色,千里破军杀将。……吴楚七国叛逆,彗星数丈,天狗过梁野。及兵起,遂伏尸流血其下。"郭璞注《山海经》,已经看出了这句话在天文学上的意义。他说:

> 《周书》云:"天狗所止地尽倾,余光烛天为流星,长数十丈,其疾如风,其声如雷,其光如电。"吴楚七国反时吠过梁国者是也。

郭的这一段注文,《开元占经·妖星占》曾加以转引,曰:

> 按《山海经》曰:"金门之山,有赤犬名曰天犬,其所下有兵。"郭璞注曰:"《周书》云,'天狗所止地尽顷,余光飞天为流星,长数十丈,其疾如风,声如雷,走如电。'吴楚七国反时过梁野。"

郭以"天犬"为天狗星是不错的。试看《山海经》文:"有金门之山……有赤犬,名曰天犬",《天官书》则说:"天狗……所堕及望之如火光,炎炎冲天。"天狗望之炎炎冲天,故而名之曰"赤犬",又曰"天犬";星占云:"天狗所下,兵大起流血。"(《开元占经·妖星占》引"郗萌曰")因此,《山海经》之"其所下者有兵",完全是一句星占用语。(不然此句何解?总不能说是一只狗下面有兵吧!)

然而学者如郝懿行,却不相信"天犬"为星名,认为那只是一只狗。他在《山海经笺疏》中说:

> 赤犬名曰天犬,此自兽名,亦如《西次三经》阴山有兽名天狗耳。郭注以天狗星当之,似误也。其引《周书》,《逸周书》无之。

《西次三经》阴山之天狗,"其状如狸而白首,名曰天狗",那的确是一只兽;而《大荒西经》金门之山之天狗,"其所下有兵",则确为星名。郝懿行否认它是星名,也否认了《山海经》一书在古代天文学上的意义。

《西山经》说:"玉山,是西王母所居也。西王母其状如人,豹尾、虎齿而善啸,蓬发戴胜,是司天之厉及五残"。郭璞注:"主知灾厉五刑残杀之气也"。郭氏的注解丢开"司天"的天字,讲什么"五刑残杀之气也",是丢开了主要线索而只抓住了枝节。按"司天"是上管天文,天象中含有凶厉之气,那就是"五残星"。《史记·天官书》云:"五残星,出正东东方之野,其星状类辰星,去地可六丈。"《史记正义》说:"五残,一名五锋,出正东东方之分野,状类辰星,去地可六七丈,见则五分毁败之征,大臣诛亡之象。"《唐开元占经·妖星占·五残》:"黄帝占曰:五残出则兵大起,其出也下有丧。……荆州占曰:五残出则兵起,其下为丧。"五残星是这样一颗凶星,所以西王母掌握它是司天之厉及五残。郭璞注五残为"五刑残杀",系不知"五残"为天文学之星名所致。

《大荒南经》:"东南海之外,甘水之间,有羲和之国。有女子名曰羲和,方日浴于甘渊。羲和者,帝俊之妻,生十日。"

《大荒西经》:"有女子方浴月,帝俊妻常羲,生月十有二,此始浴之。"

羲和之名,《尧典》曾见之,曰:"乃命羲和,钦若昊天,历象日月星辰,敬授人时。"常羲即常仪、尚仪;尚与常、羲与仪均一声之转。《吕氏春秋·勿躬》:"羲和作占日,尚仪作占月。"羲和占日、尚仪(常羲)占月,她们都是帝尧时代负责制订历法的官员。

"羲和者,帝俊之妻,生十日。"人如何能"生十日"?透过迷信的面纱,我们可以看出,这是上古母系氏族社会留下的神话。所谓羲和,她是母系氏族的一个部落领袖,在她的部落里,使用着这样的历法,以十日为一旬(可能就是后世的甲、乙、丙、丁、戊、己、庚、辛、壬、癸)。而常羲(尚仪),则是另一个母系氏族部落的领袖,在她的部落里,使用着这样的历法,以十二日为一旬(可能就是后世的子、丑、寅、卯、辰、巳、午、未、申、酉、戌、亥)。但"帝俊妻常羲,生月十有二"一句话却有毛病,羲和制订历法为"生日",常羲制订历法则不能"生月","生月"为"生日"之误。羲和、常羲各有历法,一个以十日为一旬,一个以十二日为一旬。双方交往约定时日,一个以甲、乙、丙、丁……为序,一个以子、丑、寅、卯……为序,双方结合起来,就成甲子、乙丑、丙寅、丁卯……共六十甲子。徐仲舒先生说:

用干支纪日,由来久远,甲文已如此。最初可能是两个部族纪日法不同,一个以十进、一个以十二进,两个部族融合之后,为查对之便就把两种纪日方法配合起来计算而成为六十甲子。(《殷商史中的几个问题》,载《四川大学学报》1979年2期)

《山海经》中羲和"生十日"、常羲"生月(日)十有二"几句话中,隐含着历法中的一旬十日与一旬十二日的问题,甚至隐含着中国使用了三千年的天干地支的创造问题,它大有深入探讨、认真研究的必要,我们决不可等闲视之。

(五)《山海经》与训诂学

《大荒东经》说:"有芳国,黍食。使四鸟:虎、豹、熊、罴。"

又:"有中容之国。帝俊生中容,中容人食兽、木实,使四鸟:豹、虎、熊、罴。"

又:"有白民之国。帝俊生帝鸿,帝鸿生白民,白民销姓,黍食,使四鸟:虎、豹、熊、罴。"

这三段文章使人不解,虎、豹、熊、罴明明是四只野兽,为什么不称之为"四兽"而称之为"四鸟"呢?莫非在上古鸟、兽不分,兽亦称鸟、鸟即为兽,都可以称作"禽兽"吗?这就使人想起《礼记·曲礼》中的那段话:"鹦鹉能言,不离飞鸟;猩猩能言,不离禽兽。今人而无礼,虽能言,不亦禽兽之心乎!"《尔雅·释鸟》云:"二足而羽谓之禽,四足而毛谓之兽。"但这里却把猩猩当作了"禽兽",它是否错了呢?

陈望道先生在其《修辞学发凡》(新文艺出版社,1954年版)一书中,讲到"消极修辞"时,要求"编次通顺",还说"其次又要有照应"。并举出缺乏照应的例句若干,其中就有"猩猩能言,不离禽兽"一例,并在"猩猩"与"禽"字之下画以黑点,表示此"猩猩"不能与"禽"字照应之意(见65页)。但今天读《山海经》,见四鸟即为虎、豹、熊、罴，知兽即是鸟，鸟即是兽，把一只野兽叫做"禽兽"没有什么不可！这是训诂学上的一大发现，这发现证明了《尔雅·释鸟》"二足而羽谓之禽，四足而毛谓之兽"的解释不当，应改为"二足而羽谓之禽，四足而毛谓之兽，亦谓之禽，即鸟也。"而陈望道先生"消极修辞"的例子可以去掉，再也不要说猩猩与禽缺乏照应了。

《伪古文尚书·五子之歌》也可以举为这样的例子："内作色荒，外作禽荒。"伪孔传解释说："禽，鸟兽。"既然禽就是鸟兽，那么猩猩这只鸟兽为什么不能叫做禽而称之为禽兽呢？这不是古人的缺乏照应，而是古书的训诂有此一说，今人不识而已。

《大荒西经》云："西南海之外，赤水之南，流沙之西，有人珥两青蛇，乘两龙，名曰夏后开。开上三嫔于天，得《九辩》与《九歌》以下。此天穆之野，高二千仞，开焉得始歌《九招》。""郭璞注：'嫔，妇也，言献美女（人）与天帝。'"郭璞的这一注解，实则大谬不然，他以为"上三嫔"就是献给天帝三个美女，这天帝不成了一个老色鬼了吗？

不，嫔字决不能训作美女。郝懿行注引《天问》"启棘宾商"，以为宾、嫔古字通，朱骏声更言"商"乃"帝"字之讹。故"开上三嫔于天"即"上三嫔于帝"。"宾于帝"、"不宾于帝"之词，卜辞常见，《甲骨文合集》1402 正："贞：咸、大甲不宾于帝？贞：下乙不宾于帝？贞，咸不宾于帝？……贞：咸宾于帝？贞：大（甲）宾于帝？"胡厚宣先生言："宾有配意"（《甲骨学商史论丛·殷代之天神崇拜》，1944年3月成都齐鲁大学国学研究所专利）这个"配"，即是后世的"配享"，宾于天，即配于天帝享受人间祭祀。夏后开上三嫔于天，即夏后开三次上天配于天帝享受人间祭祀。他配天帝在天上享受祭祀，所以才听到了《九辩》、《九歌》以及《九招》这些天上的音乐，甚至还把天上的音乐《九辩》《九歌》带回了人间。

天上的音乐《九辩》、《九歌》、《九招》为什么都名"九"？《楚辞》

有《九辩》与《九歌》,但《楚辞》编于西汉,它里面收的"九辩"、"九歌"不是《山海经》所言之《九辩》、《九歌》,二者不同,但"九"字之义应该是一样的。《楚辞》之《九歌》共十一首,人们奇怪,为什么"九歌"不是九首而是"十一首"?郑振铎说:"《九歌》有十一篇。或以《礼魂》为'送神之曲',为前十篇所适用。或则更以最后的三篇《山鬼》、《国殇》、《礼魂》,合为一篇,以合于九之数。"(《插图本中国文学史》,北京:人民文学出版社,1957年版,第60页)这样的合三篇为一篇,十一篇就变为"九"篇了。

郑氏之外又有各种意见:有主张合《东皇太一》、《云中君》为一篇,合《湘君》、《湘夫人》为一篇,以成"九"篇之数的;也有主张删去《国殇》与山鬼以成"九"篇之数的,因为《九歌》之中都是神曲,《国殇》、《山鬼》却是鬼歌,不当列入神曲之数!

东汉王逸对"九"字提出了新的解释,他在《楚辞·九辩章句》的序文中说:

> 九者阳之数、道之纲纪也。故天有九星以正机衡,地有九州以成万邦,人有九窍以通精明。屈原怀忠贞之性而被馋邪,伤君暗蔽国将危亡,乃援天地之数、列人形之要而作《九歌》《九章》之颂,以讽谏怀王,明已所言与天地合度,可履而行也。

"九者阳之数、道之纲纪",它仿佛不再只是一个数字了。但是,《九辩》共分九段,《九章》仍是九篇,为什么《九歌》却不是九首歌而成了十一首歌呢?

国光红先生解决了这个问题。他认为"九"就是鬼,鬼即是巫,九歌不是九首歌而是鬼歌、巫歌:

> 荒古巫觋歌舞"禹步"以操虺、蛇,故夏代巫觋即以虺为名,曰"九"。商代巫觋承夏人旧名,亦曰"九",而另从巫觋四目形象为之造鬼字。夏巫名"九",殷巫名"鬼",不过是同名而异字罢了。夏巫名"九","鬼"也,巫也,故夏禹所传巫觋歌舞

曰"九歌"、"九辩",犹言巫歌、巫舞也。(《九歌考释》,济南:齐鲁书社,1999年版,第7页。)

国先生又说:

> 楚人名巫为鬼。

自汉世《楚辞》问世以来,《九歌》之"九",一直就是一个久拖不解的疑难。国先生训"九歌"为"巫歌",为"鬼歌",一语揭开了事实的真相。《九歌》为巫歌,其数不必为"九",《九歌》为鬼歌,《国殇》、《山鬼》所以能够厕身其间。

《九歌》为鬼歌,训诂学上有现成的九、鬼字通之例。《史记·殷本纪》说:"以西伯昌、九侯、鄂侯为三公。"《集解》:"徐广曰:九侯一作鬼侯。"《正义》曰:"《括地志》云,相州滏阳县西南五十里有九侯城,亦名鬼侯城。"九、鬼二字互通,所以《九歌》即是《鬼歌》,《国殇》写为国牺牲的战士,它和《山鬼》自然都是《鬼歌》,当然都要列入《九歌》中。

"九"字通"鬼"字,所以《大荒西经》说:"开上三嫔于天,得《九辩》与《九歌》以下,此天穆之野,高二千仞,开焉得始歌《九招》。"为什么《九辩》、《九歌》、《九招》都名"九"? 因为夏后开上了天,嫔同天帝,他在天上听到的都是鬼歌,鬼即是九,所以天上之乐均名"九"——即鬼。

《山海经》中有神话人物形天。《海外西经》说:

> 形天与帝至此争神,帝断其首,葬之常羊之山,乃以乳为目,以脐为口,操干戚以舞。

形天,又作刑天,形、刑音近字通。又误作刑夭,天、夭形近而讹。从"帝断其首"四字来看,刑天是被砍了头的,砍头就是刑天,天就是头。《说文》:"天,颠也。"段注:"颠者人之顶也。"再从字形上看,天字甲骨文作㚥,金文作㚥,甲骨文、金文"天"字都写作一个人体(即"大"字)上面顶着一颗脑袋,这脑袋就是"天",天训"人头"。

刑天就是砍头。

《山海经》中的许多山、许多水,里面都出产"金",给人以遍地黄金之感。中国古代的山川里,藏有那么多的"金"吗？不。

古汉语里的"金",不一定就指今天的黄金(gold),它往往指的是金属类物质,如银、铜、铁、锡、铅……之类；甚之指的是金属物质银、铜、铁、锡之类的矿石。我国古代把青铜叫做吉金,把铁叫做恶金。《栾书缶》铭文曰："正月季春元日己丑,余畜(玄)孙书,以择其吉金,以作铸缶,以祭我皇祖……"但所择"吉金"而铸出来的缶,却是一件青铜器。可见吉金就是青铜。《国语·齐语》说："美金以铸剑戟,试诸狗马；恶金以铸钼、夷、斤、斸,试诸壤土。"这里美金指铜,恶金指铁。

总之美金指青铜,恶金指铁,而铜器都成了"金"。所以《山海经》有山有水就有"金"——就有青铜、黑铁、白锡、软铅……或者是白银、黄金,更有可能是一些含有金、银、铜、铁、锡、铅……成分的矿石,这不仅是可能的,而且是当然的、自然的、必然的。

(六)《山海经》中的神话人物

《山海经》中,记载了许多神话人物,其中有与天帝斗争、至死不屈的刑天。《海外西经》说：

> 形天与帝至此争神,帝断其首,葬之常羊之山,乃以乳为目,以脐为口,操干戚以舞。

这是一个普通群众向统治者挑战争夺领导地位的故事。作为一个不具有任何领导特权的普通百姓,敢于向领导者提出挑战,这种大无畏的斗争精神,其本身就是难能可贵的,值得永远纪念的。当然,天帝有天帝的特权,向天帝挑战,一开始就处于不利的地位,所以这位挑战者无疑是失败了,"帝断其首",他丢掉了自己的脑袋。但他没有就此罢休屈服,而是采取一切可行手段,坚持战斗。

脑袋掉了吗？那就"以乳为目"、"以脐为口"继续斗争，"操干戚以舞"，永不放下斗争的武器。这种不怕牺牲勇往直前的不屈精神，影响着一代一代的革命后人。

在我国古代神话中，像这样的与"帝"斗争的故事很多。《淮南子·天文》说：

> 昔者共工与颛顼争为帝，怒而触不周之山，天柱折，地维绝，天倾西北，故日月星辰移焉；地不满东南，故水潦尘埃归焉。

共工故事与形天故事不同，形天是平民与帝争神，共工是神与神争帝。共工一头撞向不周山，使"天柱折，地维绝"，惊动天地；形天是无头英雄，"操干戚以舞"，泣煞鬼神。刑天堪作革命志士的榜样，共工至多不过是一个楚汉争霸的英雄。

《山海经》记载的英雄人物中，也有与大自然斗争不达目的誓不罢休的血性汉子。《海外北经》说：

> 夸父与日逐走，入日。渴欲得饮，饮于河、渭；河、渭不足，北饮大泽。未至，道渴而死。弃其杖，化为邓林。

又《大荒北经》说：

> 大荒之中，有山名曰成都载天。有人珥两黄蛇，把两黄蛇，名曰夸父。后土生信，信生夸父。夸父不量力，欲追日景，逮之于禺谷。将饮河而不足也，将走大泽，未至，死于此。应龙已杀蚩尤，又杀夸父，乃去南方处之，故南方多雨。

太阳出于东海，落于西山。一日一程，永无息止。和太阳来比赛行程，这是一个多么大胆的想象。这想象，比愚公移山还要困难得多。愚公移山，"山不加增"，愚公及其子孙只要每天挖山不止，挖一点就会少一点，挖一天就会少一天。永不停息地挖下去，终会有挖通道路的那一天。夸父与日逐走就不同了，夸父奔走太阳也在奔走，你前我进永远没有个赶上的时候。但是，夸父没有考虑这些,他敢于斗争,不计成败,勇往直前,义无反顾。他是我们民族的英雄,他最后失败了,饮于河、渭,河、渭不足,北饮大泽,道渴而死。他死得英雄,死得壮烈。他在我们民族的历史上,写下了永不甘心的一笔。

在《山海经》记载的英雄人物中,也有不怕力量微小决心填平东海的弱小女子。《北山经》说:

> 发鸠之山,其上多柘木。有鸟焉,其状如乌,文首、白喙、赤足。名曰精卫,其鸣自詨,是炎帝之少女,名曰女娃。女娃游于东海,溺而不返,故为精卫,常衔西山之木石,以堙于东海。

这是一个凄婉悲惨的故事,一个微弱女子游于东海,不慎溺水而死,女子不甘身死,对汪洋大海展开她力量微小的报复:化为精卫,常衔西山之木石,以湮于东海。她每天一木一石地衔着,从西山飞往东海,东海波浪滔天,何日才能填平?但精卫不考虑这个,她只问耕耘,不问收获。移山的愚公虽苦,但他感动了上苍,"帝感其诚,命夸蛾氏二子负二山,一厝朔东,一厝雍南。自此,冀之南,汉之阴,无陇断焉。"(《列子·汤问》)但精卫没有这个福气,她的水滴石穿的斗争精神,始终不曾感动着任何人、任何神。她只有依靠自己,年复一年、月复一月地衔木石填东海,永无希望,但永远不停地衔下去、填下去,永无胜利之日。

在《山海经》记载的神话故事中,还有未婚而死不忘性爱的情种。《中山经》说:

> 姑媱之山,帝女死焉,其名曰女尸。化为䔄草,其叶胥成,其华黄,其实如菟丘,服之媚于人。

这一则故事与《文选·高唐赋》李善注所引之《襄阳耆旧传》中之巫山神女,枝叶颇相仿佛。其注曰:

> 赤帝女姚姬,未行而卒,葬于巫山之阳,故曰巫山之女。

楚怀王游于高唐，昼寝，梦见与神遇，自称是巫山之女，王因幸之，遂为置观于巫山之南，号为朝云，后至襄王时，复游于高唐。

我们看这个青年夭折的帝女，完全是一个性爱的精灵，她没有到行聘之年就不幸去世，心有不甘，情有未已，于是化为䔄草，从自己的枝叶上表现出强烈的感情，"其叶胥成"——叶子成双成对，体现出对爱的渴望。她开出黄色的花，"其华黄"，黄华（花）表示未婚之少女，《木兰辞》云"对镜贴花黄"，花黄、黄花都成了女子未婚的象征性花卉，所以后世就干脆名未婚女子为"黄花闺女"。

䔄草所结成的果就如菟丘之实。郭璞注："菟丘，菟丝也。"菟丝是一种寄生之蔓草，它必须缠绕在其他植物的枝干上才能生长，真是情牵意绕，缠绵不绝。䔄草结下这样的果实，吃下后能使人变得妩媚，变得善于挑逗异性的青春欲火。"服之媚于人"，这实在是一枚爱情之果。䔄草，它就是爱情之草；帝女，她是爱的精灵，是中国的爱神。

罗马神话中有司美与爱的女神维纳斯（Venus），在我们中国的神话中仿佛缺少个司美与爱的女神。其实不然，中国神话中的爱神、美神是很多的，其中有专司婚姻之神的女娲，有美而多情的洛神宓妃，下凡从俗配老公的七仙女也应该算上一个，还有个死后不忘成婚的姚姬以及由她演绎出来的巫山神女。

人们会问，在上古神话中，这些不聘而婚的爱神为什么这样多？那是因为，上古穴居野处，随遇而婚，野合为礼，所以在神话故事中，到处都有人神相爱的故事。

《山海经》神话中，还有一个悲剧人物"女魃"。《玉篇》云："《文字指归》曰：女妭，秃无发，所居之处，天不雨也。"女妭即女魃，她帮助黄帝诛杀蚩尤，为人民立了大功。但功成之后，却不受群众欢迎，因为她"所居不雨"。《大荒北经》说：

有人衣青衣,名曰黄帝女魃。蚩尤作兵伐黄帝,黄帝乃令应龙攻之冀州之野。应龙畜水,蚩尤请风伯雨师,纵大风雨。黄帝乃下天女曰魃,雨止,遂杀蚩尤。魃不得复上,所居不雨。叔均言之帝,后置之赤水之北。叔均乃为田祖。魃时亡之。所欲逐之者,令曰:"神北行!"先除水道,决通沟渎。

黄帝与蚩尤大战的故事在中国流传至广,但《大荒西经》的这一段记载却少有所闻。黄帝派应龙去战蚩尤,应龙长于用水,但这一点却正中蚩尤下怀。"蚩尤请风伯雨师,纵大风雨",你用水我也用水。应龙治服不了蚩尤,黄帝拿出了他的杀手锏——"乃下天女曰魃",魃实际上是一个旱神,所居之处,天不雨也,久而不雨,必成不毛之地。地成不毛,故女魃秃无发也。旱神下凡,风伯雨师则无所逞其技,于是"雨止,遂杀蚩尤。"女魃这一次为人民立了功,但却因为动了凡心,从此不能再登仙界,不得复上于天。她"所居不雨",去到哪儿,哪儿就发生旱灾。所以人们从内心里同情她,却不欢迎她的到来。田神叔均把她的事向上帝作了汇报,上帝只好把她安置在赤水之北荒漠人烟稀少之处。但叔均毕竟是个田神,主管田地里的收成,女魃只好这里住几天、那里住几天,不能在一个地方长住。她在一个地方住久了大家就会请她离开,祈请曰"神北行!"送走旱神,然后清理水道、挖通沟渠,欢天喜地地迎接暴雨的到来。

女魃,她为人民立了功,人民同情她,却不顾常见她。这是历史的悲剧,悲就悲在爱与离的矛盾不能统一上,奈何!

(七)赤水、黑水何处

《山海经》中,多次提到赤水、黑水。赤水、黑水在什么地方?《大荒西经》说:

西海之南,流沙之滨,赤水之后,黑水之前,有大山,名曰昆侖之丘。有神,人面虎身,有文有尾,皆白,处之。其下有弱水之渊环之,其外有炎火之山,投物辄然(燃)。有人,戴胜,虎齿,有豹尾,穴处,名曰西王母。此山万物尽有。

《西山经》也说:

> 西南四百里,曰昆仑之丘,是实惟帝之下都……河水出焉,而南流东注于无达;赤水出焉,而东南流注于氾天之水;洋水出焉,而西南流注于丑涂之水;黑水出焉,而西流于大杅,是多怪鸟兽。

"帝之下都",就在昆仑之丘,亦名昆仑之虚。《海内西经》说:

> 海内昆仑之虚,在西北,帝之下都。昆仑之虚,方八百里,高万仞。上有木禾,长五寻,大五围……在八隅之岩,赤水之际,非仁羿莫能上冈之岩。赤水出东南隅,以行其东北。

其实,昆仑之丘就是昆仑之虚。古者丘、虚一义。《说文》:"虚,大丘也,昆仑丘谓之昆仑虚。"

赤水又往往和流沙连在一起,《大荒南经》说:

> 南海之外,赤水之西,流沙之东,有兽,左右有首……南海之中,有氾天之山,赤水穷焉。赤水之东,有苍梧之野,舜与叔均之所葬也。

《大荒西经》也说:

> 西南海之外,赤水之南,流沙之西,有人珥两青蛇,乘两龙,名曰夏后开。

从以上各条所引用的经文看,昆仑之虚(丘)就是西王母的住所——帝之下都。这地方是典型的神仙之所,它前面有赤水,后面是黑水,傍着流沙,绕着弱水,对着炎火之山……

流沙,《楚辞·招魂》曰:"西方之害,流沙千里些",王逸注:"流沙,沙流而行也。"沙地如多风,沙随风而行可也;若无风时沙流而行则不可能,知"流沙"之说为神话也。弱水,郭璞注:"其水不胜鸿毛"，言鸿毛不能浮起也。鸿毛不能浮起之水，世上所无，亦神话也。至于炎火之山，常年炎火不断，更为世上所无。故流沙、弱水、炎火之山，均为神仙之境物，非人间所能见者。《山海经图赞》曰："弱出昆山，鸿毛是沉；北沦流沙，南映火林；惟水之奇，莫测其深。"由此可知：弱水、流沙、炎火之山，均是神仙奇境，幻化之物，世上所无也。

那么，与弱水、流沙、炎火之山混在一处的赤水、黑水是一个具体的河流，还是个幻化的地名呢？

是个幻化的地名。《大荒西经》说："西海之南，流沙之滨，赤水之后，黑水之前，有大山，名曰昆仑之虚。"按这样的说法，赤水就在昆仑虚的南面，黑水则在昆仑虚的北面，所谓赤、黑，并非水之色谓赤谓黑，如赤叶河、黑龙江……之类。我国古代习惯以五色配五行、五行配五方，于是东西南北中，配以木金火水土，以成青白赤黑黄，故南方为火，其色赤；北方为水，其色黑。赤水、黑水在昆仑虚之南、之北，故其名赤水、黑水。并不是因为它们水是赤的、黑的，因其为昆仑虚之南水、北水，故别称赤水、黑水。

《山海经》中的其他赤水、黑水，是不是都系别称、不表示水之色呢？

洋水、黑水出西北隅以东，东行，又东北，南入海羽民南。（《海内西经》）

洋水、黑水都为昆仑丘旁之水（《西山经》），又"南入海"，它一定就在北面，故此"黑水"当然也是别称，不表示水色。

　　大荒之中，有不庭之山，荣水穷焉。有人三身，帝俊妻娥皇，生此三身之国，姚姓，黍食，使四鸟。有渊四方，四隅皆达，北属黑水，南属大荒，北旁名曰少和之渊，南旁名曰从渊，舜之所浴也。（《大荒南经》）

"北属黑水"，黑水在不庭之山的北面。北面五行属水，其色为黑,所以北属之水别称黑水,非以色名黑水也。

　　流沙之东,黑水之西,有朝云之国、司彘之国。(《海内经》)

　　流沙之东,黑水之间,有山名不死之山。(《海内经》)

　　流沙出钟山,西行又南行昆仑之虚,西南入海黑水之山。(《海内西经》)

流沙与黑水相近,依然是昆仑丘景象。特别是《海内西经》,竟直指出其在昆仑之虚。则此黑水亦当是北水别称,非色名也。

　　北海之内,有山,名曰幽都之山,黑水出焉。其上有玄鸟、玄蛇、玄豹、玄虎、玄狐蓬尾。有大玄之山。有玄丘之民。有大幽之国,有赤胫之民。(《海内经》)

幽都之山在北海之内,其地处"北",其地之"黑水"自是北出之水无疑。

　　玉山,是西王母所居也……又西四百八十里,曰轩辕之丘,无草木,洵水出焉,南流注于黑水,其中多丹粟,多青雄黄。(《西山经》)

洵水出轩辕之丘流注于黑水,轩辕之丘离西王母所居只四百八十里,知此"黑水"为昆仑丘北面之水,非色名黑水也。

　　有荣山,荣水出焉。黑水之南,有玄蛇,食麈。(《大荒西经》)

查《大荒南经》,知荣水尽于不庭之山。而该地"北属黑水",彼黑水既北属,则此《大荒西经》荣水边上之黑水亦当北属。北属之水为北水而非黑色之水。

　　大荒之中,有不姜之山。黑水穷焉……有尾山,有翠山。(《大荒南经》)

　　鸡山,其上多金,其下多丹雘。黑水出焉,而南流注于海。(《南山经》)

> 西北海外,黑水之北,有人有翼,名曰苗民……有山名曰章山。(《大荒北经》)
>
> 西南黑水之间,有都广之野,后稷葬焉。(《海内经》)
>
> 南海之外,黑水、青水之间,有木名曰若木,若水出焉。(《海内经》)

以上各条中的黑水,根据仅有的经文,还很难判定它们的概念应该是北方之水呢,还是黑色之水?

现在再来说赤水。上引各条经文中的赤水,它们的本质概念只是南方之水,不见得又是赤色之水。而其他各经中的赤水,它们的本质概念是什么呢?《大荒北经》说:

> 有人衣青衣,名曰黄帝女魃。蚩尤作兵伐黄帝,黄帝乃令应龙攻之冀州之野。应龙畜水,蚩尤请风伯雨师,纵大风雨。黄帝乃下天女曰魃,雨止,遂杀蚩尤。魃不得复上,所居不雨。叔均言之帝,后置之赤水之北。叔均乃为田祖,魃时亡之。

女魃"所居不雨",是个"旱神";叔均为田祖,是个主农的田官。田官言之于帝,要他妥善安置女魃这位旱神,把她安置到什么地方去呢?那一定是个远离农田、牧场的荒无人烟的不毛之地。所以这个"赤水",决不会在中原肥沃土地上,而是在漠北很远很远的地方。

其他还有一些"赤水",虽系河名,却很难考定它在什么地方,也就不知道它究竟是南方之水还是赤色之水了。如:

> 《南次二经》之首,曰柜山,西临流黄,北望诸毗,东望长右。英水出焉,西南流注于赤水,其中多白玉,多丹粟。(《南山经》)
>
> 曰黄山,无草木,多竹箭。盼水出焉,西南流注于赤水,其中多玉……(《西山经》)
>
> 曰鸟危之山,其阳多磬石,其阴多檀楮,其中多女床。鸟

危之水出焉,西流注于赤水,其中多丹粟。(《西山经》)

曰皇人之山,其上多金玉,其下多青雄黄。皇水出焉,西流注于赤水,其中多丹粟。(《西山经》)

三株树在厌火北,生赤水上,其为树如柏,叶皆为珠。(《海外南经》)

三苗国在赤水东,其为人相随。一曰三毛国。(《海外南经》)

西北海之外,赤水之东,有长胫之国。(《大荒西经》)

西北海之外,赤水之西,有先民之国,食谷,使四鸟。(《大荒西经》)

西北海之外,赤水之北,有章尾山。有神,人面蛇身而赤……。(《大荒北经》)

我国古代文化中,习惯于以五色配五行、五行配五方,甚至还要配上四季。四不能与五相季,于是在四季之中再加上一个"中央",《礼记·月令》就在春、夏与秋、冬之间,加上一个"中央土",于是春为木,在东方;夏为火,在南方;中央为土;秋为金,在西方;冬为水,在北方。各方还有各方之神。

西方之神为蓐收。关于蓐收的形象,《国语·晋语》说:

虢公梦在庙,有神人面、白毛、虎爪,执钺立于西阿,公惧而走。神曰:"无走,帝命曰:'使晋袭于尔门。'"公拜稽首,觉,召史嚚占之,对曰:"如君之言,则蓐收也,天之刑神也。天事官成。"公使囚之,且使国人贺梦……六年,虢乃亡。

蓐收之神代表晋国袭虢国之门,从此蓐收就成了西方之神——因为晋国在西方。《海外西经》说,"西方蓐收,左耳有蛇,乘两龙",把蓐收看做西方之神,大约《国语》故事与《山海经》之言同受一则神话影响。此后在中国文化中,蓐收成了固定的西方之神,东南西北与春夏秋冬对应,蓐收也就是秋季之神,《礼记·月令》把秋季三月之帝、神定为"其帝少昊,其神蓐收。"因蓐收为西方秋季之神,所以秋天就成了作战的最佳时机,这固然与秋高马肥有关,但"春蒐秋狝,诸侯春振旅、秋治兵"(《司马法·仁本》)也成了各国惯例。秋为西方,西方之神为蓐收,蓐收执钺为刑神。后世处决人犯,也都选定在秋天,谓之秋决,杀人的地点,也都放在西门外;行刑的时间,午时三刻,太阳开始偏西。总之,刑神蓐收,总和"西"字相连,所以《海外西经》要说:"西方蓐收!"

(八) 台为祭坛

《山海经》有众帝,众帝各有其台,如轩辕之台、共工之台、帝尧台、帝喾台、帝丹朱台……

什么叫"台"?《说文》:"台,观四方而高者也。"台就是一个像"观"一样四方而高的场子。段注:"其四方独出高者则谓之台。"台和上古的坛非常相似,《礼记·祭法》"一坛一墠",郑玄注:"封土曰坛。"坛为封土,封土即独出而高。不同的是,坛的修筑是为了祭祀,台则不具备这一用途。但如果台之修筑正是为了用于祭祀的话,那么这个台不就等于"坛"了吗?《海内北经》云:"帝尧台、帝喾台、帝丹朱台、帝舜台,各二台,台四方,在昆仑东北。"以上这些台,当然是为了祭祀帝尧、帝喾……而设,非观赏游览之地也。《礼记·祭法》曰:

> 祭法,有虞氏禘黄帝而郊喾,祖颛顼而宗尧。夏后氏亦禘黄帝而郊鲧,祖颛顼而宗禹。殷人禘喾而郊冥,祖契而宗汤。周人禘喾而郊稷,祖文王而宗武王。

古人重祖、敬祖,子孙祭祀不辍。但长此祭下去,祖宗越来越多,宗庙里位置排列不下,就一定要有个省减之法。于是《礼记·祭法》又说:

> 天下有王,分地建国,置都立邑,设庙、祧、坛、墠而祭之,

乃为亲疏多少之数。是故王立七庙,一坛一墠。曰考庙,曰王考庙,曰皇考庙,曰显考庙,曰祖考庙,皆月祭之,远庙为祧,有二祧,享尝乃止。去祧为坛,去坛为墠。坛、墠,有祷焉祭之,无祷乃止,去墠为鬼。

这里说的是周人的祭法,其他夏人、商人、楚人……祭祖亦当如此:王者立七庙:考庙、王考庙、皇考庙、显考庙、祖考庙,另设远庙二祧(周之二祧为文王、武王),然后其他祖先则依次递升,父死入考庙,原考升为王考,原王考升皇考,皇考升显考。祖考为本民族之始祖,固定有人,不能由显考递升,于是显考退出显考庙,去庙为坛,有祷焉祭之。所以黄帝、颛顼、帝尧、帝舜……这些先王贤圣,纷纷去庙为坛,接受后人的临时祭祀(有祷焉祭之)。"封土为坛",坛是临祭祀时平整出来的一片高地,它就是台,"观四方而高者"谓之台,坛、台一义,所以轩辕之台、共工之台、帝尧台、帝喾台……就是轩辕之坛、共工之坛、帝尧坛、帝喾坛……都只不过是祭祀先祖先圣的一个场子而已!

台、坛都只不过是一个祭祀先祖先圣的场子,这样的场子只要有一个适当的空间就行了,并不要求其土地肥沃、五谷茂盛。《大荒北经》说:

> 共工之臣名曰相繇,九首蛇身,自环,食于九土。其所歍所尼,即为源泽,不辛乃苦,百兽莫能处。禹湮洪水,杀相繇,其血腥臭,不可生谷,其地多水,不可居也。禹湮之,三仞三沮,乃以为池,群帝因是以为台。在昆仑之北。

《海外北经》所记,与此大同小异:

> 共工之臣曰相柳氏,九首,以食于九山。相柳之所抵,厥为泽溪。禹杀相柳,其血腥,不可以树五谷种。禹厥之,三仞三沮,乃以为众帝之台,在昆仑之北,柔利之东。相柳者,九首人面,蛇身而青。不敢北射,畏共工之台。台在其东。台四

方,隅有一蛇,虎色,首冲南方。

昆仑之北、柔利之东的那一块地方,原是共工之臣相柳(繇)的老窝。相繇所呕(欧)所止(尼),当地成了一片水泥沼泽;禹阻塞洪水而杀相柳(繇),结果相柳(繇)的血腥气味染沾了这一片土地,土地从此不能长出五谷,禹以土塞之而使地陷坏也。此地陷坏不能种植,人们废物利用才把它筑为众神之台。

台就是坛。《祭法》天子立七庙,他立几个"坛"呢?《礼记》说,王立七庙一坛一墠。郑玄注:"封土曰坛,除地曰墠。"孔颖达疏:"起土为坛,除地曰墠;近者起土,远亲除地。"然而从古汉语语法上讲,坛、墠之释,应该叫做互文,即封土除地曰坛,封土除地曰墠。或者说:封土除地,曰坛、曰墠。坛、墠实际上都是一回事。

坛、墠实际上是一回事,坛就是墠,墠就是坛,一坛一墠就是二坛(或二墠)。《山海经》中的坛,往往又是二坛(台)。《海内北经》说:

帝尧台、帝喾台、帝丹朱台、帝舜台,各二台,台四方,在昆仑东北。

《大荒东经》说:

在五采之鸟,相向弃沙。惟帝俊下友。帝下两坛,采鸟是司。

郭璞注曰:"言山下有舜二坛,五采鸟主之。"

《海内北经》言"帝尧台、帝喾台、帝丹朱台、帝舜台,各二台",上言:"帝下两坛。"台即坛,坛就是墠,知此二台(两坛),正是《礼记·祭法》中说的"一坛一墠"。《大荒南经》曰:"有人食兽,曰季釐。帝俊生季釐,故曰季墠之国。有缗渊。少昊生倍伐,倍伐降处缗渊。有水四方,名四俊坛。"郭璞注:"水状似土坛,因名舜坛也。"舜坛,即舜台,二者一也。

四　怎样读《山海经》

（一）《山海经》不可作为地理书读

《山海经》荒言碎语、断简残篇，它是巫觋之书，虽言及山川地理知识，但不能作地理书读，更不能和现代地理对照来读。譬如《海内经》言：

> 东海之内，北海之隅，有国名曰朝鲜、天毒，其人水居，偎人爱之。

现代地理中有朝鲜，为半岛，它在祖国东部海中，说它在"东海之内，北海之隅"是完全对的。但是"天毒"呢？天毒即天竺，为古代的印度。印度在我国的西南，为次大陆山川之地，说到当地"水居"，未免言之过当；说到它也处在"东海之内，北海之隅"，则未免西南辕而东北辙了。

《山海经》中的一些地理名词，有不少在其他古籍中也能见到。但其他古籍中所能见到的地理名词，绝不能把它和《山海经》中的地理名词等同看待。如"河"，在一般的古籍中都指黄河，《山海经》中的"河"也专指黄河吗？那倒不一定，譬如：

《北山经》："刚山之尾，洛水出焉，而北流注于河。"这条洛水是陕西的洛水，它的确向北流注入了黄河。

又："鸟鼠同穴之山，其上多白虎、白玉，渭水出焉，而东流注于河。"渭水在陕西，它的确向东流注入了黄河。

《北山经》："《北次二经》之首，在河之东，其首枕汾，其名曰管涔之山。其上无木而多草，其下多玉。汾水出焉，而西流注于河。"汾水在山西，它也的确向西流注进了黄河。

看起来《山海经》中的"河"，可以等同于一般古籍中的"河"了。

不，你再看《北山经》："虢山，其上多漆，其下多桐椐，其阳多玉，其阴多铁。伊水出焉，西流注于河。"但是，《东山经》又说："蔓渠之水，其上多金玉，其下多竹箭，伊水出焉，而东流注于洛。"一条伊水，怎么能忽而注于河、忽而又注于洛呢，莫非《山海经》中的伊水不只一条，古籍中的伊水也不只一条吧？

是的，我国古籍中的伊水不只一条。其一源出于河南省卢氏县，流过嵩县、伊阳、洛阳、偃师入于洛水，然后再随洛水流入黄河；其一源出于湖南省安化县，最后流注于资江中。湖南的伊水在长江之南，不能与江北河洛地区的伊水相混，所以《山海径》中的伊水应该是一条。但它既入洛、又入河，怎么成了两条呢？

也许有人说，伊水流出伊阳，过龙门（伊阙）与洛水会合，然后又北行到洛口入河，是先入洛、后入河，所以说它入洛、入河都行。

不，伊水入洛后再入河是北行入河，《北山经》说它入河是西流注于河，二者不同，伊水还是两条。

《山海经》中的伊水既然是两条，我们就不能拿它去和现代地理中的伊水相对照，更不能按图索骥，拿现代地理去和《山海经》中的地名相比附。另如"江"，在先秦古籍中往往指长江：

《中山经》："岷山，江水出焉，东北流注于海。"古籍中的江出于岷山；看起来《山海经》中的"江"，的确就是长江。

《海内东经》："庐江出三天子都，入江，在彭泽西，一曰天子鄣……濛水出汉阳西，入江……赣水出聂都东山，东北注江，入彭泽西。"文中所说的庐江、濛水、赣江，都是长江的支流。《海内东经》说它们"入江"，是把这个"江"认作了长江。

《东山经》说："泰山，其上多玉，其下多金……环水出焉，东流注于江。"环水出自泰山，郭璞注泰山"即东岳岱宗也。"从东岳岱宗流出来的环水，它不论如何也不可能东流进入长江。这个"江"，肯定是别有所指，不会是指长江。

江河有时指长江、黄河,有时却指往他处,说明我们研究《山海经》,不能以今日之地名,取代古代地名。《南山经》说:"丹穴之山,其上多金玉。丹水出焉,而南流注于渤海。"郭璞注:"渤海,海岸曲崎头也。"海岸曲崎头称渤海,可见这个"渤海"是一般名称不是特殊的专有名词,就如"白色的菜"和"白菜"之不同一样。《山海经》中的地名有一般名词,也有特殊的专有名词,该书流传即久,错讹很多,我们断不敢用现代概念去套古代概念,强作解人,结果以鼠为璞,贻笑于大方。

那么,我们怎样来对待这部著作呢?孔子曰:"知之为知之,不知为不知,是知也。"(《论语·为政》)对待《山海经》,我以为是:知道一点就说一点,不知道就说不知道,哪怕是一点也不知道。抱着这样的态度,就会一点一点地弄明白——知道。

(二) 应该怎样来读《山海经》

在回答这个问题之前,我们应该首先知道,凡是从上古社会传递出来的人类活动信息,就必然带有该时代的社会生活烙印。从这些时代生活烙印上,我们通过比较、分析、思考、推理,就能看出过去历史上人类社会的影子。譬如文字,那是文明社会的产物。文明社会出现于石器时代,所以汉字里的砍、斫等字都从"石"。因为那时砍人、斫人的利器是石斧,石斧用以砍、斫,故而砍、斫等字从"石"。又如"姓"字,上古母系社会,群婚杂居,大家知母不知父,故而人之"姓"只能从母。人之姓从母,所以"姓"字从女(上古母、女一字)《说文》:"姓,人所生也。古之神圣人,母感天而生子,故称天子。因生以为姓,从女生,生亦声。《春秋传》曰:'天子因生以赐姓。'"

从以上例子看,上古时代所传递出来的社会生活信息,必然带有上古社会人类生活的烙印。我们完全可以用历史唯物主义的态度,运用人类学、社会学、民族学的研究成果,印证大量的地下发掘资料,大胆地分析、批判、剥去神话传说中迷信、荒诞的外衣,去芜存真,探索出上古社会的历史真相,勾画出一个生动的、真实的古代社会来。

譬如经文中所载,"日月所出"之山有六:曰大言山,曰合虚山、曰明星山、曰好鞠陵于天山、曰猗天苏门山、曰壑明俊疾山,皆在《大荒东经》;"日月所入"之山亦有六,曰丰沮玉门山、曰龙山、曰日月山、曰鏖鏊钜山、曰常阳山、曰大荒山,皆在《大荒西经》;另外还有"日月所出入"之山一,曰方山,亦在《大荒西经》。按现在的观点,日月高高运行于天空,它们永远在上,怎么能从大山中出来进去呢?但是,我们的古人没有这样的眼光,他们日出而作、日入而息,足不出阡陌,目不过山林。他们每天看到太阳、月亮从东方出来,向西方落下。如果他们的东方有一座山,西方有一座岭,他们就会认为,太阳、月亮是从这座山中升起来的,是向这座岭中落下去的。中国的土地广袤,山岭又多,于是甲处的人看到日月从甲山升起,乙处的人看到日月向乙岭落下,结果《山海经》所记,日月所出之山就有六处,日月所入之山也有六处。至于那座"方山",住在它西边的人看到日月从那里出来,住在它东边的人看到日月向那里落下,经文总结东西两面的人所见所闻,于是写出"日月所出入"这样的见闻,本该没有什么奇怪之处。

再看关于"龙修"的记载。《中山经》说:"贾超之山,其阳多黄垩,其阴多美赭,其木多柤栗桔柚,其中多龙修。"何谓龙修,郭璞注:"龙须也,似莞而细,生山石穴中,茎似垂,可以为席(蓆)。"原来龙修就是龙须,修须音近,一声之转。崔豹《古今注》曰:"世称皇帝(黄帝)炼丹于凿砚山,乃得仙,乘龙上天。群臣援龙须,须堕而生草,曰龙须。"剥去迷信的外衣,我们知道,龙修(须)不过是一种草而已。《现代汉语词典》:"龙须草,多年生草本植物,叶子条形,花小,总状花序。茎叶可以作蓑衣、绳索、草鞋等。也可以造纸。有的地区叫蓑草或蓑衣草。"此草多产于鄂豫陕边界之淅川县山岭中,枝叶如龙须倒挂,质地坚韧,耐磨耐泡,当地人用来纺绳、打草鞋,民谚云:"淅川县,三大宝,红薯、南瓜、龙须草。"在饥饿困苦的年代,此三物确实是贫穷人民的救命稻草。我们剥去《山海经》神话迷信的外衣,就会惊奇地发现,这座贾超之山,毫无反常之处,他那里不过长出一批批龙须草,可以供我们搓绳子、织席子、编草鞋而已。

在《山海经》里,记载了颇多各种各样的毒蛇、怪蛇。它们有的能飞、有的能叫,在它们生长的地区,有的草木不生,有的鸟兽难近,不是遇到洪水,就是遭受旱灾:

太华之山,削成而四方,其高五千仞,其广十里,鸟兽莫居。有蛇焉,名曰肥𧔥,六足四翼,见则天下大旱。(《西山经》)

诸次之山……是山边,多木无草,鸟兽莫居,是多众蛇。(《西山经》)

大咸之山,无草木,其下多玉。是山也,四方,不可以上。有蛇名曰长蛇,其毛如彘豪,其音如鼓柝。(《北山经》)

浑夕之山,无草木,多铜玉……有蛇一首两身,名曰肥遗,见则其国大旱。(《北山经》)

西望幽都之山,浴水出焉。是有大蛇,赤首白身,其音如牛,见则其邑大旱。(《北山经》)

鲜山,多金玉,无草木。鲜水出焉,而北流注于伊水。其中多鸣蛇,其状如蛇而四翼,其音如磬,见则其邑大旱。(《中山经》)

阳山,多石,无草木,阳水出焉,而北流注于伊水。其中多化蛇,其状如人面而豺身,鸟翼而蛇行,其音如叱呼,见则其邑

大水。(《中山经》)

　　巴蛇食象,三岁而出其骨。君子服之,无心腹之疾。其为蛇青黄赤黑,一曰黑蛇青首,在犀牛西。(《海内南经》)

　　又有朱卷之国,有黑蛇,青首,食象。(《海内经》)

读《山海经》,见各地之异鸟怪兽、奇花野果,多有"食之可以已(医)"某疾、某病的记载,后人用蛇,亦不乏以毒蛇治顽症的传说,柳宗元以为永州之野所产异蛇,"然得而腊之以为饵,可以已大风、挛踠、瘘疬,去死肌,杀三虫……"可唯独《山海经》中的毒蛇、大蛇,毒则毒也,可就是不知道它能治什么病!这其中必有原因。

上古的时代,人类刚刚诞生,穴居野处,大家在杂草中栖身,即所谓"草居"。草居患蛇,蛇即它。《说文解字》曰:"它,虫也。从虫而长,像冤曲垂尾形。上古草居患它,故相问无它乎?"相问无它,于史有征。甲骨卜辞中常问"有祟"、"无祟"即是其证。上古草居,蛇又无孔不入,给人造成了极大的危害。反映到《山海经》中,就是各地山川中都有凶猛、恶毒、防不胜防的蛇。毒蛇给人类造成了危害,人们当然也会怕它,躲避它,发展到极端,也会崇拜它,礼敬它。敬鬼神而远之,这是古人对待那些又恨又怕的事物的老法子。从此在上古人的观念里,就把那些手眼通天的灵怪,视做人面蛇身的神明。《山海经》说:

　　凡《北山经》之首,自单狐之山至于隄山,凡二十五山,五千四百九十里,其神皆人面蛇身。(《北山经》)

　　凡《北次二经》之首,自管涔之山至于敦题之山,凡十七山,五千六百九十里。其神皆蛇身人面。(《北山经》)

　　轩辕之国在此穷山之际,其不寿者八百岁,在女子国北,人面蛇身,尾交首上。(《海外西经》)

　　钟山之神,名曰烛阴,视为昼,瞑为夜,吹为冬,呼为夏,不饮,不食,不息,息为风,身长千里,在无䏿之东,其为物,人面,

蛇身，赤色，居钟山下。(《海外北经》)

共工之臣曰相柳氏……相柳者，九首，人面，蛇身而青。(《海外北经》)

共工之臣名曰相繇，九首蛇身。(《大荒北经》)

窫窳者，蛇身人面。(《海内西经》)

一曰贰负神在其东，为物人面蛇身。(《海内北经》)

西北海之外，赤水之北，有章尾山。有神，人面蛇身而赤。(《大荒北经》)

有人曰苗民。有神焉，人首蛇身，长如辕。左右有首，衣紫衣，冠旃冠，名曰延维。人主得而飨食之，伯(霸)天下。(《海内经》)

草居患蛇，人蛇之间，必然展开你死我活的斗争。长期斗争的结果，当然是人类战胜蛇患，涌现出一个个的治蛇能人。他们操蛇、珥蛇、驯蛇、啖蛇。反映到《山海经》中，到处都能碰到治蛇、玩蛇的神怪、英雄。

夫夫之山……神于儿居之，其状人身而身操两蛇，常游于江渊，出入有光。(《中山经》)

洞庭之山……是多怪神，状如人而载蛇，左右手操蛇。多怪鸟。(《中山经》)

巫咸国在女丑北，右手操青蛇，左手操赤蛇，在登葆山，群巫所从上下也。(《海外西经》)

西方蓐收，左身有蛇，乘两龙。(《海外西经》)

博父国在聂耳东，其为人大，右手操青蛇，左手操黄蛇。(《海外北经》)

北方禺强，人面鸟身，珥两青蛇，践两青蛇。(《海外北经》)

奢比之尸在其北，兽身、人面、大耳、珥两青蛇。(《海外东

经》)

汤谷上有扶木……有神,人面,犬(大字之讹)耳,兽身,珥两青蛇,名曰奢比尸。(《大荒东经》)

黑齿国在其北,为人黑,食稻啖蛇,一赤一青,在其旁。一曰:在竖亥北,为人黑首,食稻使蛇,其一蛇赤。(《海外东经》)

雨师妾在其北,其为人黑,两手各操一蛇,左耳有青蛇,右耳有赤蛇。(《海外东经》)

东海之渚中,有神,人面鸟身,珥两黄蛇,践两黄蛇,名曰禺䝞。黄帝生禺䝞,禺䝞生禺京。禺京处北海,禺䝞处东海,是为海神。(《大荒东经》)

北海之渚中,有神,人面鸟身,珥两青蛇,践两赤蛇,名曰禺强。(《大荒北经》)

南海渚中,有神,人面,珥两青蛇,践两赤蛇,曰不廷胡余。(《大荒南经》)

西海陼中,有神人面鸟身,珥两青蛇,践两赤蛇,名曰弇兹。(《大荒西经》)

西南海之外,赤水之南,流沙之西,有人珥两青蛇,乘两龙,名曰夏后开。开上三嫔于天,得《九辩》与《九歌》以下。(《大荒西经》)

大荒之中,有山名曰北极天柜,海水北注焉……又有神衔蛇操蛇,其状虎首人身,四蹄长肘,名曰强良。(《大荒北经》)

大荒之中,有山名曰成都载天,有人珥两黄蛇,把两黄蛇,名曰夸父。后土生信,信生夸父。夸父不量力,欲追日景(影),逮之于禺谷。将饮河而不足也,将走大泽,未至,死于此。应龙已杀蚩尤,又杀夸父,乃去南方处之,故南方多雨。(《大荒北经》)

又有黑人,虎首鸟足,两手持蛇,方啗之。(《海内经》)

通过以上的摘录，我们可以看到，一部《山海经》，到处充满着蛇对人的危害，到处充满着人与蛇的斗争，也到处出现似人似蛇的神怪，到处都有治蛇、操蛇的能人、英雄。这是上古社会人类草居时代人蛇斗争的反映。我国古代楚国地处南方，气候炎热。炎热地区蛇患严重（秦、晋、燕、赵等北方地区则不如此），《海内经》大量反映了炎热地区的蛇患问题，十分可能。这部作品出之于楚国，朱熹强调《海内经》"缘解此《（天）问》而作"，证据虽显不足，但它与《天问》同出楚国则十分可能。"昔楚国南郢之邑，沅湘之间其俗信鬼而好祠。"（王逸《楚辞注·九歌章句序》）"楚地信巫鬼重淫祠"（洪兴祖《楚辞补注·九歌序补注》引《汉书》），《山海经》正为其写照。

五　校注说明

（一）本简注以南宋淳熙七年池阳郡斋尤袤刻本《山海经传》为底本，参考其他刻本进行校勘。

（二）"注释"主要参考的是郭璞的传注，因为郭璞在注家之中，年代最早，最接近古人；今人注本，主要参考袁珂先生的《山海经校注》，袁先生的重要研究成果，已详细列入本简注中，为省篇幅，不再一一列具作者名字。

（三）本简注中所言凡与袁先生意见相同者，均为袁先生研究成果，本人借花献佛，呈现于读者面前；凡所言不与袁先生意见契合者，则系作者抄袭失当，鲁莽灭裂，郢书燕说，读者视作秋风过耳可矣！

（四）其他各家旧注，袁本已标明出处者，一般不再重标；袁本未标者，偶有言及，则适当出具作者姓名。倘有遗漏，至盼读者指正。

南 山 经

南　山　经

《南山经》之首曰䧿山①。其首曰招摇之山,临于西海之上,多桂,多金玉。有草焉,其状如韭而青华②,其名曰祝余,食之不饥。有木焉,其状如榖而黑理③,其华四照④,其名曰迷榖,佩之不迷。有兽焉,其状如禺而白耳⑤,伏行人走⑥,其名曰狌狌⑦,食之善走。丽𪊨之水出焉⑧,而西流注于海,其中多育沛,佩之无瘕疾⑨。

[注释]①南山经:王念孙指山,《文选·头陀寺碑文》"四照之华万品"。李善注引《山海经》"南山"下无"经"字。无"经"字是。䧿字通鹊。任昉《述异记》卷上"迷榖出招摇山,亦名雀山。"䧿又作雀。　②华:通花。　③榖:音gu,木名,即楮树。字常误作榖(谷)。理:木之纹理。　④华:光华。　⑤禺:猴属。　⑥伏行人走:四肢着地而行或站立行走。　⑦狌狌:猩猩。　⑧𪊨:音几。　⑨瘕:虫病。

又东三百里,曰堂庭之山①,多棪木②,多白猿,多水玉③，多黄金。

[注释]①堂庭之山：堂一作常。 ②棪：音yan，木名，材质贞劲，堪作船。《尔雅·释木》："棪，樕其。"郭璞注："棪，实似柰，赤，可食。" ③水玉：即水精。类似玻璃一类的岩石，其莹如水，其坚似玉，故名。

又东三百八十里，曰猨翼之山①，其中多怪兽，水多怪鱼，多白玉，多蝮虫②，多怪蛇，多怪木，不可以上。

[注释]①猨翼之山：《初学记》卷27引作"稷翼之山……其上多白玉"。袁注："王念孙云：《一切经音义》卷93引作'即翼之山'。" ②蝮虫：毒蛇。郭璞注："蝮虫，色如绶文，鼻上有针。大者百余斤，一名反鼻虫。古虺字。"

又东三百七十里，曰杻阳之山①。其阳多赤金，其阴多白金。有兽焉，其状如马而白首，其文如虎而赤尾，其音如谣②，其名曰鹿蜀，佩之宜子孙。怪水出焉，而东流注于宪翼之水。其中多玄龟，其状如龟而鸟首虺尾，其名曰旋龟，其音如判木③，佩之不聋，可以为底④。

[注释]①杻：音niǔ。 ②谣：歌。 ③判：分，破劈。 ④为底：为，治也；底同胝，足茧。为底，治疗足茧。

又东三百里曰柢山①，多水，无草木。有鱼焉，其状如牛，陵居②，蛇尾，有翼，其羽在魼下③，其音如留牛④，其名曰鲮，冬死而夏生，食之无肿疾。

[注释]①又东……：一本无"又"字。曰柢山，一本脱"曰"字。柢：音dǐ。 ②陵居：在丘陵地区生活。 ③魼：胁也。魼字通胠，《广雅·释亲》："胠，胁也。" ④留牛：未详。

又东四百里,曰亶爰之山,多水,无草木,不可以上。有兽焉,其状如狸而有髦①,其名曰类②,自为牝牡③,食之不妒。

[注释]①髦:一本作髮(发)。 ②类:一本作沛。 ③牝牡:雌性、雄性。指一身二体有雌性、雄性两种生殖器官,可以自我进行性交活动,故不妒同性之与它兽交配。

又东三百里,曰基山。其阳多玉,其阴多怪木①。有兽焉,其状如羊,九尾四耳,其目在背,其名曰猼訑②,佩之不畏③。有鸟焉,其状如鸡而三首六目,六足三翼,其名曰𪇏𩿧④,食之无卧⑤。

[注释]①其阴多怪木:《太平御览》卷50引作"其阴多金,多怪木。" ②猼訑:音博施。訑字一本作"咃"。 ③不畏:不知畏惧。 ④𪇏𩿧:《御览》卷50引作"曰𪇏𩿧"。 ⑤无卧:无需卧床睡眠。

又东三百里,曰青丘之山,其阳多玉,其阴多青䨄①。有兽焉,其状如狐而九尾,其音如婴儿,能食人。食者不蛊②。有鸟焉,其状如鸠,其音若呵③,名曰灌灌④,佩之不惑。英水出焉,南流注于即翼之泽。其中多赤鱬⑤,其状如鱼而人面,其音如鸳鸯,食之不疥⑥。

[注释]①䨄:当作䨼。《初学记》卷5引此经䨄字作䨼。《说文》:"䨼,善丹也。" ②食者不蛊:食之者令人不逢妖邪之气。 ③若呵:若人之相呵呼声。 ④灌灌:或作𩾎𩾎。《吕氏春秋·本味》:"肉之美者,猩猩之唇,獾獾之炙。"高诱注:"獾獾,鸟名,其形未闻。"疑即此鸟。 ⑤赤鱬:是一种人鱼。鱬音儒。 ⑥疥:疥疮。字一作疾。

又东三百五十里,曰箕尾之山①,其尾踆于东海②。多沙石。汸水出焉,而南流注于淯,其中多白玉。

[注释]①箕尾之山:《玉篇》作"箕山",无尾字。 ②踆:古蹲字。《说文》:"蹲,居也。"(段注本)

凡䧿山之首,自招摇之山,以至箕尾之山,凡十山,二千九百五十里。其神状皆鸟身而龙首①,其祠之礼②:毛用一璋玉瘗③,糈用稌米④,一璧,稻米、白菅为席⑤。

[注释]①鸟身:《北堂书钞》卷133引此经作"人身"。 ②祠:祭祀。 ③毛:指用作牺牲的长毛的动物,如猪、羊、牛、犬、鸡……之类。一璋玉瘗:(把牺牲)和祭祀用的璋玉一起埋起来以祭神灵。 ④糈:祀神之米名。《离骚》"怀椒糈而要之",王逸注:"糈,精米,所以享神。" ⑤席:藉以依神。

南次二经

南次二经之首,曰柜山①,西临流黄②,北望诸毗③,东望长右④。英水出焉,西南流注于赤水,其中多白玉,多丹粟⑤。有兽焉,其状如豚,有距⑥,其音如狗吠,其名曰狸力⑦,见则其县多土功⑧。有鸟焉,其状如鸱而人手⑨,其音如痹,其名曰鴸,其名自号也⑩,见则其县多放士⑪。

[注释]①柜:音矩 jǔ。 ②流黄:国名,有流黄辛氏、流黄酆氏。 ③诸毗:山名,亦为水名。毗,音 fei。 ④长右:山名。 ⑤丹粟:丹沙细如粟粒者。 ⑥距:雄鸡、雄雉腿后面突出的象脚趾的部分。 ⑦狸力:一本有郭注:"一作狸刀。" ⑧其县:当作其地,其邑。我国在春秋之前并无县郡之类的行政区划。此处出现"县"字,当系后人所书(或改)。土功:挖土、筑墙之类的土工作业。 ⑨人手:脚如人手。 ⑩自号:自呼其名,以其自呼之声而名

之。　⑪放士：《陶渊明集·读山海经十三首》："其国有放士"，逯钦立注："放士：被放逐的人士。"

东南四百五十里，曰长右之山，无草木，多水。有兽焉，其状如禺而四耳，其名长右①，其音如吟②，见则郡县大水③。

[注释]①长右：《广韵》引作"长舌"。　②如吟：如人之呻吟声。　③郡县：宋本上有其字。按，春秋之前无郡县。

又东三百四十里曰尧光之山，其阳多玉，其阴多金。有兽焉，其状如人而彘鬣①，穴居而冬蛰，其名曰猾裹②，其音如斲木③，见则县有大繇④。

[注释]①彘鬣：猪颈上的长毛。　②裹：同怀。　③斲木：斫木之声。　④县有大繇：其县大繇役。一作"其县有是乱"。

又东三百五十里，曰羽山。其下多水，其上多雨，无草木，多蝮虫。

又东三百七十里，曰瞿父之山，无草木，多金玉。

又东四百里，曰句余之山①，无草木，多金玉。

[注释]①句余之山，在今浙江余姚县南。

又东五百里，曰浮玉之山，北望具区①，东望诸𣱵②。有兽焉，其状如虎而牛尾，其音如吠犬，其名曰彘，是食人。苕水出于其阴,北流注于具区。其中多鮆鱼③。

[注释]①具区:今江苏省苏州市西南之太湖。 ②诸毗:水名。 ③鮆鱼:一名刀鱼,狭薄而长头,大者尺余。鮆,音 zi。

又东五百里,曰成山,四方而三坛①,其上多金玉,其下多青雘。𠃑水出焉②,而南流注于虖勺③,其中多黄金。

[注释]①坛:山形如人筑之坛。 ②𠃑:一本作阂。𠃑当音 zhuo,阂则音 shǐ。 ③虖勺:一本上有西字,虖音呼,勺或作多。

又东五百里,曰会稽之山①,四方,其上多金玉,其下多砆石②。勺水出焉,而南流注于湨③。

[注释]①会稽之山:在今浙江省绍兴市南。 ②砆:音 fū,武夫石,似玉。 ③湨:音 jù。

又东五百里,曰夷山,无草木,多沙石,湨水出焉①,而南流注于列塗。

[注释]①湨:一作泿。

又东五百里,曰仆勾之山①,其上多金玉,其下多草木,无鸟兽,无水。

[注释]:①仆勾:一作仆夕。

又东五百里,曰咸阴之山,无草木,无水。

又东四百里,曰洵山①,其阳多金,其阴多玉。有兽焉,其状如羊而无口,不可杀也②,其名曰𢒉③。洵水出焉,而南流注于阏之泽④,其中多芘蠃⑤。

[注释]:洵:一作旬。　②不可杀:言其无口不食,而能生活,不会死也。　③羰:音huán,或音huàn。　④阏:音è。　⑤芘蠃:紫色螺。《太平御览》卷941引作"茈蠃"。

又东四百里,曰虖勺之山,其上多梓楠,其下多荆杞。滂水出焉,而东流注于海。

又东五百里,曰区吴之山。无草木,多沙石。鹿水出焉,而南流注于滂水。

又东五百里,曰鹿吴之山,上无草木,多金石。泽更之水出焉,而南流注于滂水。水有兽焉①,名曰蛊雕②,其状如雕而有角,其音如婴儿之音,是食人。

[注释]:①水有兽焉:水字衍。　②蛊雕:蛊一作纂。

东五百里,曰漆吴之山,无草木,多博石①,无玉。处于东海②,望丘山,其光载出载入③,是惟日次④。

[注释]:①博石:博棋之石。　②东海:一本作"海东"。如作"海东",则"东"字宜属下读。　③其光载出载入:谓神光潜耀。　④日次:日影所次之处。

凡《南次二经》之首,自柜山至于漆吴之山,凡十七山,七千二百里。其神状皆龙身而鸟首。其祠:毛用一璧瘗,糈用稌。

南 次 三 经

《南次三经》之首,曰天虞之山,其下多水,不可以上。

东五百里,曰祷过之山,其上多金玉,其下多犀、兕,多象。有鸟焉,其状如䳜①,而白首、三足②、人面,其名曰瞿如,其鸣自号也③.泿水出焉④,而南流注于海。其中有虎蛟⑤,其状鱼身而蛇尾⑥,其音如鸳鸯⑦,食者不肿⑧,可以已痔⑨。

[注释]:①䳜:鸟也,其状似凫而小,脚近尾。䳜音 jiāo。 ②三足:或作"三手"。 ③其鸣自号:它的鸣声就像它在叫自己的名字。 ④泿:音 yín。 ⑤虎蛟:如虎之蛟。蛟,水中之猛兽,似蛇,四足,龙属之动物。⑥蛇尾:《文选·江赋》"虎蛟钩蛇"李善注引《山海经》:"虎蛟,其状鱼身而蛇尾,有翼,其音如鸳鸯",知"蛇尾"下当有"有翼"二字。 ⑦音:王念孙校其字应作"首"。 ⑧食者不肿:食之(虎蛟之肉)者其肌肉不会遇叮咬而肿。 ⑨已痔:《太平御览》卷743引此经作"为痔",并引郭璞注:"为,治也。"

又东五百里,曰丹穴之山,其上多金玉。丹水出焉,而南流注于渤海①。有鸟焉,其状如鸡②,五采而文③,名曰凤皇,首文曰德,翼文曰义,背文曰礼④,膺文曰仁⑤,腹文曰信。是鸟也,饮食自然⑥,自歌自舞,见则天下安宁⑦。

[注释]①渤海:岸线曲折崎岖之海。 ②鸡:类书作"鹤",或作"鹄"。 ③文:羽毛的纹饰。 ④翼文曰义,背文曰礼:王念孙考证作"翼文曰顺,背文曰义"。 ⑤膺:胸。 ⑥自然:天然生成之物。 ⑦见则天下安宁:《说文》:"凤……见则天下大安宁。"

又东五百里,曰发爽之山①,无草木,多水,多白猿。汎水出焉,而南流注于渤海。

[注释]①爽:字或作丧。

又东四百里,至于旄山之尾,其南有谷,曰育遗①,多怪鸟,凯风自是出②。

[注释]①遗:或作"隧"。 ②凯风:南风。

又东四百里,至于非山之首,其上多金玉,无水,其下多蝮虫。

又东五百里,曰阳夹之山,无草木,多水。

又东五百里,曰灌湘之山①,上多木,无草;多怪鸟,无兽。

[注释]①灌湘之山:一作灌胡射之山。

又东五百里,曰鸡山,其上多金,其下多丹䕫①。黑水出焉,而南流注于海。其中有鱄鱼②,其状如鲋而彘毛③,其音如豚,见则天下大旱。

[注释]①丹䕫:《说文》:"丹,巴越之赤石也。"又:"䕫,善丹也。" ②鱄:音tuán。 ③鲋:鲋鱼,鲫鱼。鲋音fù。彘毛:《广韵》作"豕尾"。《太平御览》卷35作"彘尾"。

又东四百里,曰令丘之山,无草木,多火。其南有谷焉,曰中谷,条风自是出①。有鸟焉,其状如枭,人面四目而有耳,其名曰颙②,其鸣自号也,见则天下大旱。

[注释]①条风:东北风。　②颙:《玉篇》、《广韵》并作"鸜"。

又东三百七十里,曰仑者之山①,其上多金玉,其下多青雘。有木焉,其状如榖而赤理②,其汗如漆③,其味如饴④,食者不饥,可以释劳⑤,其名白䓘⑥,可以血玉⑦。

[注释]①仑者之山:《太平御览》卷50引作"仑山"。　②榖:当作"榖"。　③汗:榖树之干上浸出的浆液。　④饴:糖。　⑤释劳:消除忧患。劳,忧也。　⑥白䓘:或作睾苏。《广雅·释草》:"菜(皋)苏,白䓘也"。　⑦血玉:谓以榖木之血(汁)可以浸玉使之光泽。

又东五百八十里,曰禺稿之山①,多怪兽,多大蛇。

[注释]①稿:又作"槁"。

又东五百八十里,曰南禺之山,其上多金玉,其下多水。有穴焉,水出辄入①,夏乃出,冬则闭。佐水出焉,而东南流注于海,有凤皇、鵷雏②。

[注释]①出:一本作"春"。　②鵷雏:凤皇之属。

凡《南次三经》之首,自天虞之山以至南禺之山,凡一十四山①,六千五百三十里。其神皆龙身而人面。其祠皆一白狗祈,糈用稌。

[注释]①一十四山:当为一十三山。案:《南次三经》共计只十三山。又《南山经》共十山,《南次二经》共十七山,南经之山共"大小凡四十山",知《南

次三经》必为"十三山"无疑。

右南经之山志,大小凡四十山,万六千三百八十里。

西　山　经

西　山　经

《西山经》华山之首,曰钱来之山,其上多松,其下多洗石①。有兽焉,其状如羊而马尾,名曰羬羊②,其脂可以已腊③。

[注释]①洗石:洗澡用以去垢圿之石。　②羬羊:《尔雅·释畜》:"羊六尺为羬。"郭注:"今大月氏国有大羊如驴而马尾。"案:郭注之大羊即大尾羊。③已腊:治疗皮肤皴裂。腊,音 xī。炼成脂肪。

西四十五里,曰松果之山。濩水出焉①,北流注于渭,其中多铜。有鸟焉,其名曰螐渠②,其状如山鸡,黑身赤足,可以已暴③。

[注释]①濩水:当校作灌水。　②螐:音 tóng。　③已暴:治疗皮肤干裂起皮。

又西六十里,曰太华之山①,削成而四方,其高五千仞②,其广十里,鸟兽莫居。有蛇焉,名曰肥遗③,六足四翼,见则天下大旱。

[注释]①太华之山:即西岳华山。 ②仞:八尺。 ③遗:当作"遗"。

又西八十里,曰小华之山①,其木多荆杞,其兽多㸲牛②,其阴多磬石③,其阳多㻬琈之玉④。鸟多赤鷩⑤,可以御火⑥。其草有萆荔⑦,状如乌韭,而生于石上,赤缘木而生,食之已心痛⑧。

[注释]①小华之山:即少华山。 ②㸲牛:祭祀用的牺牛。㸲字通"胙"。胙,祭祀用肉。字音 zuò。今华阴山中多山牛、山羊,肉皆千斤,宜供胙,故名㸲牛。 ③磬石:宜于为磬之石。 ④㻬琈:音 yú fú。美玉之一种。 ⑤赤鷩:山鸡之属。鷩,音 biē。 ⑥可以御火:其羽毛能制作火烷布,可以御火。 ⑦萆荔:香草。 ⑧已:能治疗。

又西八十里,曰符禺之山,其阳多铜,其阴多铁。其上有木焉,名曰文茎,其实如枣①,可以已聋。其草多条,其状如葵②,而赤华黄实,如婴儿舌,食之使人不惑。符禺之水出焉,而北流注于渭。其兽多葱聋,其状如羊而赤鬣③。其鸟多鴖④,其状如翠而赤喙⑤,可以御火⑥。

[注释]①实:果实。 ②葵:冬葵,古代一种食用蔬菜。 ③赤鬣:颈上长有赤色的长毛。实即野羊的一种。 ④鴖:字当作鹛,音 mín,《广韵》:"鹛鸟似翠而赤喙"。 ⑤翠:鸟也,似燕而绀色。喙:鸟类飞禽骨质的嘴。 ⑥御火:畜之用以辟火灾。

又西六十里,曰石脆之山①,其木多棕楠,其草多条,其状如韭,而白华黑实,食之已疥。其阳多㻬琈之玉,其阴多铜。灌水出焉,而北流注于禺水。其中有流赭②,以涂牛马无病。

[注释]①脆:校作"胞"。 ②赭:赤土。

又西七十里,曰英山,其上多杻橿①,其阴多铁,其阳多赤金。禺水出焉,北流注于招水,其中多䱻鱼②,其状如鳖,其音如羊。其阳多箭䉶③,兽多㸲牛、羬羊。有鸟焉,其状如鹑,黄身而赤喙,其名曰肥遗,食之已疠④,可以杀虫⑤。

[注释]①杻橿:弯曲强硬之木材。杻,木名。枝干多曲而少直,可以制弓干。橿,木名,材可为车。 ②䱻:音 bàng。 ③箭䉶:即䉶竹。一种厚里而长节的竹子。䉶,音 mèi。 ④疠:疫病,或云恶疮。 ⑤虫:寄生虫。

又西五十二里,曰竹山,其上多乔木①,其阴多铁。有草焉,其名曰黄雚,其状如樗②,其叶如麻,白华而赤实,其状如赭③,浴之已疥,又可以已胕④。竹水出焉,北流注于渭,其阳多竹箭⑤,多苍玉。丹水出焉,东南流注于洛水,其中多水玉,多人鱼⑥。有兽焉,其状如豚而白毛⑦,大如笄而黑端⑧,名曰豪彘⑨。

[注释]①乔:高大。 ②樗:音 chū,臭椿。 ③赭:紫赤色。 ④已胕:治疗足肿。胕,胕肿,胕即足。 ⑤箭:筊也。筊,小竹。 ⑥人鱼:鲵,俗称娃娃鱼,人形而四足。 ⑦毛:诸校"毛"下复有"毛"字,属下读。 ⑧笄:簪属。黑端:笄之端为黑色。《文选·长杨赋》"捕熊罴豪猪",李善注引此经"黑端"下有"以毛射物"四字。 ⑨豪猪:俗称箭猪,即野猪。

又西百二十里曰浮山,多盼木,枳叶而无伤①,木虫居之②。有草焉,名曰薰草,麻叶而方茎,赤华而黑实,臭如蘪芜③,佩之可以已疠。

[注释]①枳:其叶如针能刺伤人的一种树。无伤:言盼木之叶如枳之叶而不刺伤人。 ②居之:居于树中。 ③臭:气味。蘪芜:香草。此句言薰草之香味如蘪芜之气。

又西七十里,曰羭次之山,漆水出焉,北流注于渭。其上多棫橿①,其下多竹箭,其阴多赤铜,其阳多婴垣之玉②。有兽焉,其状如禺而长臂,善投,其名曰嚻③。有鸟焉,其状如枭,人面而一足,曰橐𪄀④,冬见夏蛰⑤,服之不畏雷⑥。

[注释]①棫:丛生小木,一名白桵。音yù。 ②婴垣:垣,或作"短",或作"根",或作"埋"……传写谬误,已不详其原字矣。 ③嚻:毕沅校作器。器嚻声相近,形亦相仿疑混,嚻即嚻字。《说文解字》:"嚻,母猴,似人。" ④𪄀:音féi。 ⑤见:现。 ⑥服之:著其毛羽也。雷:一作"灾"。

又西百五十里,曰时山,无草木。逐水出焉①,北流注于渭,其中多水玉。

[注释]①逐:一作"遂"。

又西百七十里,曰南山,上多丹粟。丹水出焉,北流注于渭。兽多猛豹①,鸟多尸鸠②。

[注释]①猛豹:似熊而小,毛浅,有光泽,能食蛇、食铜铁。豹字一作"虎"。一云即貘豹。 ②尸鸠:布谷鸟之类。鸠或作"丘"。

又西百八十里,曰大时之山,上多榖柞①,下多杻橿,阴多银,阳多白玉。涔水出焉②,北流注于渭。清水出焉,南流注于汉水。

[注释]①榖:当作"榖",误作"榖"。柞:栎也。 ②涔:音 qián。

又西三百二十里,曰嶓冢之山①,汉水出焉,而东南流注于沔②,嚻水出焉,北流注于汤水③。其上多桃枝鉤端④,兽多犀兕熊羆,鸟多白翰赤鷩⑤。有草焉,其叶如蕙⑥,其本如桔梗⑦,黑华而不实⑧,名曰蓇蓉⑨,食之使人无子⑩。

[注释]①嶓:音 bō。 ②沔:汉水的上游,也指汉水。音:miǎn。③汤:或作"阳"。 ④桃枝:竹名。《尔雅·释草》:"桃枝四寸有节。"邢昺疏:"凡竹节间……相去四寸有节者,名桃枝竹。"鉤端:桃枝属。 ⑤白翰:白鹇也,亦名鹳雉,又名白雉。 ⑥蕙:香草,兰之属。 ⑦本:根。 ⑧不实:不结果。 ⑨蓇蓉:gū róng。 ⑩无子:不生子。

又西三百五十里,曰天帝之山,上多棕楠,下多菅蕙①。有兽焉,其状如狗,名曰谿边②,席其皮者不蛊。有鸟焉,其状如鹑,黑文而赤翁③,名曰栎④,食之已痔。有草焉,其状如葵⑤,其臭如蘼芜,名曰杜衡⑥,可以走马⑦,食之已瘿⑧。

[注释]①菅:茅类。 ②谿边:或作谷遗。 ③翁:颈毛。 ④栎:音 lì。 ⑤葵:锦葵,菜蔬类。 ⑥杜衡:香草。 ⑦走马:马得之而健走。 ⑧瘿:颈瘤,俗称大脖子病。

西南三百八十里,曰皋涂之山,蔷水出焉①,西流注于诸资之水;涂水出焉,南流注于集获之水。其阳多丹粟,其阴多银、黄金,其上多桂木。有白石焉,其名曰礜②,可以毒鼠。有草焉,其状如稿茇③,其叶如葵而赤背④,名曰无条,可以毒鼠。有兽焉,其状如鹿而白尾,马脚人手而四角⑤,名曰玃如⑥。有鸟焉,其状如鸱而人足,名曰数斯,食之已瘿⑦。

[注释]①蔷:sè,字或作蔷,或作菖。 ②礜:亦称毒砂,即硫砒铁矿,为短棱柱状之结晶,故称礜石。炼之成末,可以杀鼠。礜,音yù。 ③稿茇:香草名,亦作"稿本"。 ④葵:冬葵。 ⑤马脚人手:后肢如马脚,前肢似人手。 ⑥玃如:当作玃如。 ⑦瘿:或作"痸"。

又西百八十里,曰黄山,无草木,多竹箭。盼水出焉,西流注于赤水,其中多玉。有兽焉,其状如牛,而苍黑大目,其名曰䯄①。有鸟焉,其状如鸮,青羽赤喙,人舌能言②,名曰鹦䳇③。

[注释]①䯄:敏牛。敏牛即每牛,《逸周书·王会》:"数楚每牛,每牛者,牛之小者也。"䯄,音mǐn。 ②人舌:鸟之舌如人舌。 ③鹦䳇:鹦鹉。

又西二百里,曰翠山,其上多棕楠,其下多竹箭,其阳多黄金、玉①,其阴多旄牛、麢、麝②;其鸟多鸓③,其状如鹊,赤黑而两首四足,可以御火。

[注释]①黄金:一本"黄"下无"金"字。 ②麢:鹿属之兽,似羊而大角,细食,好在山崖间。麝:鹿属之兽,似獐而小,其肚脐以下能分泌麝香。 ③鸓:当作鸜,音dié。

又西二百五十里,曰騩山①,是錞于西海②,无草木,多玉。淒水出焉③,西流注于海,其中多采石④、黄金,多丹粟。

[注释]①騩:音:wēi,一音kuí。 ②錞:犹蹲也。 ③淒:字或作浖。 ④采:同彩。

凡《西经》之首,自钱来之山至于騩山,凡十九山,二千九百五十七里。华山冢也①,其祠之礼:太牢②,羭山神也,祠之用烛③,斋百曰以百牺④,瘗用百瑜⑤,汤其酒百樽⑥,婴以百珪百璧⑦。其余十七山之属,皆毛牷用一羊祠之⑧。烛者百草之未灰⑨,白蓆采等纯之⑩。

[注释]①冢:神鬼之舍。 ②太牢:牛、羊、豕三牲齐备为太牢。 ③烛:字或作"炀"。《说文》:"烛,庭燎火烛也。""炀,炙燥也。" ④牺:牲纯色者为牺。 ⑤瑜:美玉。 ⑥汤:烫也。 ⑦婴:列玉以祀神灵。 ⑧牷:牲体全具为牷。牷,音:quán。 ⑨烛者草木之未灰:古人制烛,或以蔴蒸苇苴为之,固当草木未灰之时。 ⑩采等纯之:以五彩等差区别它。

西次二经

《西次二经》之首,曰钤山①,其上多铜,其下多玉,其木多杻橿。

[注释]①钤:音qián,字或作"泠",又作"涂"。

西二百里,曰泰冒之山①,其阳多金,其阴多铁。浴水出焉②,东流注于河③,其中多藻玉④,多白蛇⑤。

[注释]①泰冒:《初学记》卷6引此经作"秦冒",《太平御览》卷62引此经作"秦買"。 ②浴水:《初学记》卷6、《太平御览》卷62引作"洛水"。 ③东流注于河:《太平御览》卷62引此句无"流"字。 ④多藻玉:《初学记》卷6、《太平御览》卷62引此句"多"字作"有"。藻玉:玉之有符彩者。 ⑤白蛇:水蛇。

又西一百七十里,曰数历之山,其上多黄金,其下多银,其木多杻橿,其鸟多鹦䴅。楚水出焉,而南流注于渭,其中多白珠。

又西北五十里高山①,其上多银,其下多青碧,雄黄②,其木多棕,其草多竹。泾水出焉,而东流注于渭,其中多磬石,青碧。

[注释]①高山:二字上应有"曰"字。 ②碧:玉也。《说文》:"碧,石之青美者。"

西南三百里,曰女床之山,其阳多赤铜,其阴多石涅①,其兽多虎豹犀兕。有鸟焉,其状如翟而五采文②,名曰鸾鸟③,见则天下安宁。

[注释]①石涅:一名石墨,为墨色石脂可以画眉者,亦可书字。 ②翟:野鸡。字一作"鹤"。 ③鸾:瑞鸟,似鸡而五彩。

又西二百里,曰龙首之山,其阳多黄金,其阴多铁。苕水出焉,东南流注于泾水①,其中多美玉。

[注释]①东南流:三字上一本有"而"字。

又西二百里,曰鹿台之山,其上多白玉,其下多银,其兽多㸣牛、䍧羊、白豪①。有鸟焉,其状如雄鸡而人面②,名曰凫徯③,其鸣自叫也,见则有兵。

[注释]①豪:貆猪,即豪彘。 ②人面:《北堂书钞》卷113引此经作"人首"。 ③凫徯:《太平御览》卷329引此经作"岛溪"。

西南二百里,曰鸟危之山,其阳多磬石,其阴多檀楮①,其中多女床②。鸟危之水出焉,西流注于赤水,其中多丹粟。

[注释]①楮:榖木。 ②女床:未详何物。

又西四百里,曰小次之山,其上多白玉,其下多赤铜。有兽焉,其状如猿,而白首赤足,名曰朱厌,见则大兵①。

[注释]①见则大兵:一作"见则有兵起焉",一作"见则为兵"。《北堂书钞》卷113、《太平御览》卷329引此经作"见则有兵"。

又西三百里,曰大次之山,其阳多垩①,其阴多碧,其兽多㸣牛,麢羊。

[注释]①垩:似土,色甚白。

又西四百里,曰薰吴之山,无草木,多金玉。

又西四百里,曰厎阳之山①,其木多㮨、楠、豫章②,其兽多犀、兕、虎、豹、㸣牛③。

[注释]①厎音zhǐ,学者校此字当为厎。 ②㮨:树木之一种,似松,有

刺,纹理细密。字音jí。豫章:一种乔木,似楸,其叶冬夏常青,即樟树。
③犭国:兽也,豹文。字音:guō。

又西二百五十里,曰众兽之山,其上多㻬琈之玉,其下多檀楮,多黄金,其兽多犀兕。

又西五百里,曰皇人之山,其上多金玉,其下多青雄黄①。皇水出焉,西流注于赤水,其中多丹粟。

[注释]①青雄黄:阶州山中,雄黄有青黑色而坚者,名曰熏黄,盖即此青雄黄。

又西三百里,曰中皇之山,其上多黄金,其下多蕙、棠①。

[注释]①蕙:字或作羔。棠:彤棠之属。

又西三百五十里,曰西皇之山,其阳多金,其阴多铁,其兽多麋鹿、牦牛①。

[注释]①麋鹿:鹿属,大如小牛。

又西三百五十里,曰莱山,其木多檀楮,其鸟多罗罗①,是食人。

[注释]①罗罗:《海外北经》有青兽,亦名罗罗。

凡《西次二经》之首,自钤山至于莱山,凡十七山,四千一百四十里。其十神者,皆人面而马身。其七神皆人面牛身,四足而一臂,操杖以行,是为飞兽之神;其祠之,毛用少牢①,白菅为席。其十辈神者②,其祠之,毛一雄鸡,钤而不糈③,毛采④。

[注释]①少牢:祭祀用牲有羊、豕而无牛为少牢。 ②十辈:十类也。 ③钤而不糈:祈之而祠但不用米。钤,祈字之声转。 ④毛采:祈祀之以杂色之鸡。

西次三经

《西次三经》之首,曰崇吾之山①,在河之南②,北望冢遂,南望䍃之泽,西望帝之搏兽之丘③,东望螞渊④。有木焉,员叶而白柎⑤,赤华而黑理,其实如枳⑥,食之宜子孙。有兽焉,其状如禺而文臂,豹虎而善投⑦,名曰举父⑧。有鸟焉,其状如凫,而一翼一目,相得乃飞⑨,名曰蛮蛮⑩,见则天下大水。

[注释]①崇吾:《博物志·异鸟》曰:"崇丘山有鸟,一足、一翼、一目,相得而飞,名曰𪂹,见则吉良。" ②河:黄河。 ③搏:或作"簿"。丘:校本多作"山"。 ④螞:音 yān。 ⑤员:通圆。柎:花萼之房,字音 fū。 ⑥枳:橘生淮南为橘,生于淮北则为枳。《说文》:"枳,枳木似橘。" ⑦豹虎:疑为豹尾之讹。 ⑧举父:疑为夸父之讹。 ⑨相得:两相结合。乃,《博物志》作"而"。 ⑩蛮蛮:《博物志》作"𪂹"。《逸周书·王会》"巴人以比翼鸟",孔晁注:"巴人,在南者;比翼鸟,不比不飞,其名曰鹣鹣。"《尔雅·释地》:"南方有比翼鸟焉,不比不飞,其名谓之鹣鹣。"郭璞注:"似凫,青赤色,一目一翼,相得乃飞。"蛮蛮,鹣鹣,一声之转。

西北三百里,曰长沙之山。泚水出焉,北流注于泑水①，无草木，多青雄黄。

[注释]①泑：字通黝，水色黑也。

又西北三百七十里，曰不周之山。北望诸毗之山，临彼岳崇之山，东望泑泽，河水所潜也，其原浑浑泡泡①。爰有嘉果，其实如桃②，其叶如枣，黄华而赤柎，食之不劳③。

[注释]①浑浑泡泡：水喷涌之声。浑，音gǔn；泡，音páo。 ②其实如桃：《太平御览》卷964引此经作"其实如桃李"。 ③不劳：《御览》卷964引作"不饥"。劳，忧也。

又西北四百二十里，曰峚山①，其上多丹木，员叶而赤茎，黄华而赤实，其味如饴②，食之不饥。丹水出焉，西流注于稷泽③，其中多白玉，是有玉膏，其原沸沸汤汤④，黄帝是食是飨。是生玄玉⑤，玉膏所出，以灌丹木。丹木五岁，五色乃清，五味乃馨⑥。黄帝乃取峚山之玉荣⑦，而投之钟山之阳⑧。瑾瑜之玉为良⑨，坚粟精密⑩，浊泽有而光⑪。五色发作⑫，以和柔刚。天地鬼神，是食是飨，君子服之⑬，以御不祥。自峚山至于钟山，四百六十里⑭，其间尽泽也。是多奇鸟、怪兽、奇鱼，皆异物焉。

[注释]①峚：音mì，典籍注文引此经多作密。密、峚古字相通。 ②饴：糖，麦芽糖。 ③稷泽：后稷所凭，因以为名。 ④沸沸汤汤：玉膏涌出之貌。 ⑤玄玉：黑玉。 ⑥馨：香气。 ⑦玉荣：玉华。 ⑧投之钟山之阳：以某为玉种也。 ⑨良：善。 ⑩坚粟精密：玉之纹理坚细精密。粟，当作栗，栗木坚而细。 ⑪浊泽：润厚漆黑。浊，润厚。泽字诸本校作黑。有而：一本作"而有"，是。 ⑫发作：显现出来。 ⑬服：佩带。 ⑭四百六十里：此句之下，当再云"四百六十里"。

又西北四百二十里,曰钟山,其子曰鼓①,其状如人面而龙身②,是与钦䲹杀葆江于昆仑之阳③,帝乃戮之钟山之东曰崟崖④,钦䲹化为大鹗,其状如雕而黑文白首,赤喙而虎爪,其音如晨鹄⑤,见则有大兵,鼓亦化为鵕鸟⑥,其状如鸱,赤足而直喙,黄文而白首,其音如鹄⑦,见则其邑大旱。

[注释]①其子:钟山之神的儿子。 ②如:王念孙以为衍字。 ③钦䲹:《后汉书·张衡传》注引此经作"钦玛",《庄子·大宗师》作"堪坏",云:"堪坏(邳)得之,以袭昆仑。"《淮南子·齐俗》作"钳且,"一本作"钦负",云:"钳且(钦负)得道,以处昆仑。"是"钦䲹(玛)"、"堪坏(邳)"、"钳且(钦负)"皆一声之转也。䲹、玛、坏……均音邳。葆江:《文选·思玄赋》作"祖江",云:"弔祖江之见刘。"陶潜《读山海经诗》亦作"祖江",云:"祖江遂触死。" ④崟崖:《后汉书·张衡传》注引此经作"瑶岸",《太平御览》卷887引此经作"崟岸"。 ⑤晨鹄:鹗属,犹云晨凫。 ⑥鵕:音jùn。 ⑦鹄:鸿鹄之鹄,音gú。

又西百八十里,曰泰器之山①。观水出焉②,西流注于流沙。是多文鳐鱼③,状如鲤鱼④,鱼身而鸟翼,苍文而白首,赤喙,常行西海⑤,游于东海⑥,以夜飞。其音如鸾鸡⑦,其味酸甘,食之已狂⑧,见则天下大穰⑨。

[注释]①泰器:《文选·吴都赋》刘良注引此经作"秦器"。 ②观水:《吕氏春秋·本味》云:"雚水之鱼,名曰鳐,其状若鲤而有翼,常从西海夜飞,游于东海。"高诱注:"雚水在西极。"《太平御览》卷939引《吕氏》此句"雚"作"灌";《文选·吴都赋》刘良注、《文选·七启》李善注引此经"观水"均作"濩水"。观(觀)、雚、灌均一声之转,灌、濩形近易讹。 ③文鳐鱼:《初学记》卷30作"鳐鱼";《吕氏春秋·本味》谓"名曰鳐。"《文选·吴都赋》刘良注、《文选·七启》李善注引此经均无"文"字。无"文"字是。鳐,音yáo。 ④鲤鱼:王念孙校以为衍"鱼"字。 ⑤常行:《吕氏春秋·本味》、《初学记》卷30均作"常

从"。　⑥遊于东海:《文选·吴都赋》刘良注、《文选·七启》李善注引此经"遊"上均有"而"字。　⑦鸾鸡:《初学记》卷30作"鸾",无"鸡"字,疑"鸡"字衍。"鸾"或作"栾"。　⑧已:治疗。　⑨穰:丰收。

又西三百二十里,曰槐江之山。丘时之水出焉,而北流注于泑水。其中多蠃母①,其上多青雄黄,多藏琅玕、黄金、玉②,其阳多丹粟,其阴多采黄金银③。实惟帝之平圃④,神英招司之⑤,其状马身而人面,虎文而鸟翼,徇于四海⑥,其音如榴⑦。南望昆仑,其光熊熊,其气魂魂⑧。西望大泽,后稷所潜也⑨,其中多玉,其阴多㻌木之有若⑩。北望诸𣲩⑪,槐鬼离仑居之⑫,鹰鹯之所宅也⑬,东望恒山四成⑭,有穷鬼居之,各在一搏⑮。爰有淫水,其清洛洛⑯。有天神焉,其状如牛,而八足二首,马尾,其音如勃皇⑰,见则其邑有兵。

[注释]①蠃母:即蜾螺,就是蜗牛。蠃,音luó。　②琅玕:石似珠者。　③采:彩也,彩色的花纹。　④平圃:即玄圃,又作县圃。　⑤司:主,主管。　⑥徇:周行,巡也。　⑦榴:或作"镏"。　⑧魂魂:光气炎盛交相辉映之貌。　⑨潜:消魂于其中。　⑩㻌木:大木。若:木之有奇灵者。　⑪诸𣲩:山名,亦曾为水名。　⑫离仑:其神名。　⑬鹯:鸱属之禽。　⑭恒山:《文选·长笛赋》李善注引此经作"桓山"。四成:四重也。　⑮各在一搏:言有穷之众鬼每以类聚,各居一胁。搏,胁也。字亦作"抟(搏)"。　⑯洛洛:水留下聚之貌。　⑰勃皇:未详其义。

西南四百里,曰昆仑之丘,是实惟帝之下都①,神陆吾司之②。其神状虎身而九尾,人面而虎爪;是神也,司天之九部及帝之囿时③。有兽焉,其状如羊而四角,名曰土蝼,是食人。有鸟焉,其状如蠢④,大如鸳鸯,名曰钦原⑤,蠚鸟兽则死⑥,蠚木则枯。有鸟焉,其名曰鹑鸟⑦,是司帝之百服⑧。有木焉,其状如棠⑨,黄华赤赤⑩,其味如李而无核,名曰沙棠,可以御水,食之使人不溺⑪。有草焉,名曰䕆草⑫,其状如葵,其味如葱,食之已劳。河水出焉,而南流东注于无达⑬。赤水出焉,而东南流注于氾天之水⑭。洋水出焉⑮,而西南流注于丑涂之水⑯。黑水出焉,而西流于大杅⑰,是多怪鸟兽。

[**注释**]①是实:王念孙校衍"是"字,"实"当作"寔"。下都:天帝都邑之在下界者。 ②陆吾:旧以为即肩吾——山神名。《庄子·大宗师》:"肩吾得之,以处大山。" ③九部:九域之部界。囿时:天帝苑囿之时节。 ④蠢:同蜂。 ⑤钦:或作"爰",或作"至"。 ⑥蠚:螫也。音 ruo。 ⑦鹑鸟:凤也。 ⑧服:器服,服用之物。字或作"藏"。藏,物之所聚储。 ⑨棠:梨也。 ⑩黄华:一本作"华黄"。 ⑪不溺:不沉于水,言体之轻如木也。沙棠为木,即不沉于水。 ⑫䕆:音 pín。 ⑬无达:山名,言河水流入此山而没。 ⑭氾天:山名。 ⑮洋:或作"清"。 ⑯丑涂:山名。 ⑰大杅:山名。

又西三百七十里,曰乐游之山。桃水出焉,西流注于稷泽,是多白玉。其中多鳛鱼①,其状如蛇而四足,是食鱼。

[**注释**]①鳛:音 huá,注文字作"滑",王念孙等校作"鳛"、"渭"。

西水行四百里,曰流沙,二百里至于嬴母之山,神长乘司之,是天之九德也①。其神状如人而豹尾。其上多玉,其下多青石而无水。

[**注释**]①九德:郭璞注,"九德之气所生。"

又西三百五十里,曰玉山,是西王母所居也①。西王母其状如人,豹尾、虎齿而善啸,蓬发戴胜②,是司天之厉及五残③。有兽焉,其状如犬而豹文,其角如牛④,其名曰狡,其音如吠犬,见则其国大穰。有鸟焉,其状如翟而赤,名曰胜遇⑤,是食鱼,其音如录,见则其国大水。

[注释]①西王母:我国西部的一个母系氏族社会领袖。 ②胜:簪钗一类的头饰。 ③厉:灾厉,恶性传染病。五残:五刑残杀。 ④牛:字或作"羊"。 ⑤胜:犬膏臭也,即今之"腥"字,非"勝"之简化"胜"字。

又西四百八十里,曰轩辕之丘,无草木。洵水出焉,南流注于黑水,其中多丹粟,多青雄黄。

又西三百里,曰积石之山,其下有石门,河水冒以西流①是山也,万物无不有焉。

[注释]①西流:王念孙校"西"下当增"南"字。

又西二百里,曰长留之山①,其神白帝少昊居之。其兽皆文尾②,其鸟皆文首③,是多文玉石,实惟员神磈氏之宫④。是神也,主司反景⑤。

[注释]①长留:《太平御览》卷388引作"长流"。 ②文尾:"文"字或作"长"。 ③文首:"文"字或作"长"。 ④磈:音wěi。 ⑤反景:反影。日西入则影反东照谓之反影。

又西二百八十里,曰章莪之山①,无草木,多瑶碧②。所为甚怪③。有兽焉,其状如赤豹④,五尾一角,其音如击石⑤,其名如狰⑥。有鸟焉,其状如鹤,一足,赤文青质而白喙,名曰毕方,其鸣自叫也,见则其邑有讹火⑦。

[注释]①章莪:《太平御览》卷809引作"章义(義)"。 ②多瑶碧:《御览》卷809引作"是多瑶"。瑶,玉属;碧,亦玉属。 ③所为甚怪:"郭璞注:多有非常之物"。 ④赤豹:《广韵》引此经无"赤"字。 ⑤击(擊)石:疑为"磐石"之讹。 ⑥如狰:一本作"曰狰",是。 ⑦讹火:妖火,邪火。

又西三百里,曰阴山。浊浴之水出焉①,而南流注于蕃泽②,其中多文贝。有兽焉,其状如狸而白首③,名曰天狗,其音如榴榴④,可以御凶。

[注释]①浊浴:《太平御览》807、913引作"浊谷"。 ②蕃泽:《御览》卷807引作"蕃之泽"。 ③如狸:"狸"或作"豹"。《御览》卷913引此经注曰:"或作狗。" ④榴榴:或作"猫猫"。

又西二百里,曰符惕之山①,其上多棕楠,下多金玉,神江疑居之。是山也,多怪雨,风云之所出也②。

[注释]①符惕(惕):《太平御览》卷9引作"扶阳",卷10引作"将阳"。《艺文类聚》卷2引作"符阳"。惕,(惕)音yáng。 ②风云之所出也:风云都是从此山中生成吹出的。

又西二百二十里,曰三危之山,三青鸟居之①。是山也,广员百里②。其上有兽焉,其状如牛,白身四角③,其豪如披蓑④,其名曰徼洇⑤,是食人。有鸟焉,一首而三身,其状如多少鸦⑥,其名曰鸱。

[注释]①三青鸟:负责为西王母取食之鸟。 ②广员:即"广运"。东西为广,南北为运。 ③白身:《广韵》引此经作"白首"。 ④豪:豕之背脊上鬣

毛如笔管者。　⑤獙狏：王念孙校作"獙獙"，音 ào yē。　⑥鸀：黑文赤颈的鹏类猛禽，音 luò。

又西一百九十里，曰䣙山，其上多玉而无石。神耆童居之①，其音常如钟磬②，其下多积蛇。

[注释]①耆童：老童，颛顼之子。　②其音：《大荒西经》云："颛顼生老童，老童生祝融，祝融生太子长琴，是处榣山，始作乐风。"老童之孙长琴始作乐风，故老童之居有乐声。"其音"即指此乐声，此乐声常如钟磬云。

又西三百五十里，曰天山，多金玉，有青雄黄。英水出焉，而西南流注于汤谷。有神焉①，其状如黄囊，赤如丹火②，六足四翼，浑敦无面目③，是识歌舞，实为帝江也④。

[注释]①神焉：一本作"神鸟"。《初学记》卷8"陇右道"、《文选·三月三日曲水诗序》李善注引此经亦作"神鸟"，作"神鸟"是，盖"鸟"讹为"焉"也。②赤如丹火：体色黄而精光赤也。　③浑敦：《初学记》卷8"陇右道"引此经无"敦"字。　④帝江：一说"江"字读如"鸿"。

又西二百九十里，曰泑山①，神蓐收居之②。其上多婴短之玉③，其阳多瑾瑜之玉，其阴多青雄黄。是山也，西望日之所入，其气员④，神红光之所司也。

[注释]①泑山：《文选·思玄赋》"从蓐收而遂徂"，李善注引此经作"濛山"。《淮南子·天文》："至于蒙谷，是谓黄昏"，知此濛山西望日之所入，与彼蒙谷为黄昏之所，其义一也。濛山、蒙谷，山谷相连，乃一名也，或作"濛"，又作"蒙"耳。　②蓐收：西方之神。《礼记·月令》：孟秋、仲秋、季秋，"其神蓐收"。　③婴短："婴垣"之讹。短、垣均"脰"之误，婴脰即颈饰。此说仅供参考。　④员：字同圆。日形圆。则所生之气亦圆也。

西水行百里,至于翼望之山①,无草木,多金玉。有兽焉,其状如狸,一目而三尾,名曰讙②,其音如夺百声③,是可以御凶,服之已瘅④。有鸟焉,其状如乌,三首六尾而善笑,名曰鵸鵌,服之使人不厌⑤,又可以御凶。

[注释]①翼望之山:或作"土翠山"。 ②讙:音 huān,字或作"原"。 ③夺:夺(奪)字之讹。有抄本正作"夺(奪)"。夺:取也,赢取。 ④瘅:黄疸病。 ⑤厌:通魇。

凡《西次三经》之首,崇吾之山至于翼望之山①,凡二十三山②,六千七百四十四里。其神状皆羊身人面。其祠之礼,用一吉玉瘗③,糈用稷米。

[注释]①崇吾:"崇吾"上当脱"自"字。 ②二十三山:实则二十二山,疑其中有整段脱文。 ③吉玉:玉加彩色者。

西 次 四 经

《西次四经》之首曰阴山,上多谷(榖)无石①,其草多茆蕃②。阴水出焉,西流注于洛。

[注释]①谷(榖):一本作"榖",是。 ②茆蕃:茆,凫葵;蕃,青蕃,似莎而大。茆,一本作茚。《说文》:"茆,凫葵也"。

北五十里,曰劳山,多茈草①。弱水出焉,而西流注于洛。

[注释]①茈草:即紫草。

西五十里,曰罢父之山①。洱水出焉,而西南流注于洛,其中多茈、碧②。

[注释]①罢父:学者校作"罢谷"。　②茈:茈石。碧:青美之石。

北七十里,曰申山,其上多谷(榖)柞①,其下多杻檀,其阳多金玉。区水出焉,而东流注于河。

[注释]①谷(榖):榖字之讹。

北二百里,曰鸟山,其上多桑,其下多楮,其阴多铁,其阳多玉。辱水出焉,而东流注于河。

又北二十里,曰上申之山,上无草木,而多硌石①,下多榛楛②,兽多白鹿。其鸟多当扈③,其状如雉,以其髯飞④,食之不眴目⑤。汤水出焉,东流注于河。

[注释]①硌:磊硌,大石貌。硌音 luò。　②榛:树木名,其果似栗而小,味美。楛:树名。其木坚硬,可以为箭。　③扈:或作户。　④髯:咽下之须毛。　⑤眴目:瞬目。

又北八十里,曰诸次之山,诸次之水出焉,而东流注于河。是山也,多木无草,鸟兽莫居,是多众蛇。

又北百八十里,曰号山,其木多漆、棕,其草多药、虈、芎䓖①。多泠石②。端水出焉,而东流注于河。

[注释]①药:白芷。虈:香草。芎䓖:一名江离,即川芎。　②泠:《说文》本作"淦",云"泥也"。泠石,石质柔软如泥者。泠,音 gàn。

又北二百二十里,曰孟山,其阴多铁,其阳多铜,其兽多白狼白虎,其鸟多白雉白翟①。生水出焉,而东流注于河。

[注释]①白翟:当作"白翠"。

西二百五十里,曰白於之山,上多松柏,下多栎檀①,其兽多㸲牛、羬羊,其鸟多鸮②。洛水出于其阳,而东流注于渭;夹水出于其阴,东流注于生水。

[注释]①栎:㸲也。 ②鸮:似鸠而青色。

西北三百里,曰申首之山①,无草木,冬夏有雪。申水出于其上。潜于其下,是多白玉。

[注释]①申首:王念孙等校作"由首",申、由形近易讹。

又西五十五里,曰泾谷之山①,泾水出焉,东南流注于渭,是多白金白玉。

[注释]①泾谷之山:或无"之山"二字。

又西百二十里,曰刚山,多㯬木①,多㻁琈之玉。刚水出焉,北流注于渭。是多神㸠②,其状人面兽身,一足一手,其音如钦③。

[注释]①㯬木:即漆木。 ②㸠:魑魅之类。字或作㹣,音 chuí。 ③钦:假为"吟"。

又西二百里,至刚山之尾,洛水出焉,而北流注于河。其中多蛮蛮①,其状鼠身而鳖首,其音如吠犬。

[**注释**]①蛮蛮:疑即猨也,猨、蛮声相近。猨似狐,青色,居水中,食鱼。

又西三百五十里,曰英鞮之山,上多漆木,下多金玉,鸟兽尽白。涴水出焉①,而北流注于陵羊之泽。是多冉遗之鱼②,鱼身蛇首六足,其目如马耳,食之使人不眯③,可以御凶。

[**注释**]①涴水:《太平御览》卷939引此经作"浼水"。 ②冉遗:《御览》939引作"无遗",郝懿行疑"无遗"为"蒲夷"。无、蒲声近易转,夷、遗音同。 ③眯:《御览》939引作"昧"。

又西三百里,曰中曲之山,其阳多玉,其阴多雄黄、白玉及金。有兽焉,其状如马而白身黑尾,一角,虎牙爪,音如鼓音①,其名曰駮②,是食虎豹,可以御兵。有木焉,其状如棠,而员叶赤实,实大如木瓜,名曰櫰木③,食之多力。

[**注释**]①鼓音:王念孙等校无"音"字。 ②駮:《尔雅·释畜》:"駮,如马,倨牙,食虎豹。" ③櫰:音 huái。

又西二百六十里,曰邽山①。其上有兽焉,其状如牛②,蝟毛,名曰穷奇,音如獂狗,是食人。濛水出焉,南流注于洋水,其中多黄贝③,蠃鱼,鱼身而鸟翼,音如鸳鸯,见则其邑大水。

[**注释**]①邽:音 guī。 ②如牛:或云"似虎,蝟毛有翼"。 ③贝:甲虫,肉如蝌蚪,有头有尾。

又西二百二十里,曰鸟鼠同穴之山①,其上多白虎、白玉，渭水出焉，而东流注于河。其多鳋鱼②，其状如鳣鱼③，动则其邑有大兵。滥水出于其西，西流注于汉水。多𩶱魮之鱼④，其状如覆铫⑤，鸟首而鱼翼鱼尾，音如磬石之声，是生珠玉。

[注释]①鸟鼠同穴之山：晋时陇西首阳县西南山，有鸟鼠同穴。鸟名曰鵌，鼠名曰鼵。鼵如人家鼠而短尾，鵌似燕而黄色。穴穿地入数尺，鼠在内，鸟在外而共处。 ②鳋：音 sāo。 ③鳣鱼：大鱼也，口在颔下，体有连甲。 ④𩶱魮：鱼名，音 rú pín。 ⑤铫：温水之器，似釜而小，有柄有流。

西南三百六十里，曰崦嵫之山①，其上多丹木，其叶如谷（穀）②，其实大如瓜，赤符而黑理③，食之已瘅，可以御火。其阳多龟，其阴多玉。苕水出焉④，而西流注于海，其中多砥砺⑤。有兽焉，其状马身而鸟翼，人面蛇尾，是好举人⑥，名曰孰湖，有鸟焉，其状如鸮而人面，蜼身犬尾⑦，其名自号也，见则其邑大旱。

[注释]①崦嵫：日没所入之山。《离骚》："望崦嵫而勿迫。"王逸注："崦嵫，日所入山也；下有蒙水，水中有虞渊。" ②谷（穀）：一本作"榖"，作"榖"是。 ③符：字借为"柎"。 ④苕：或作"若"。 ⑤砥砺：磨石。精者为砥，粗者为砺。 ⑥好举人：喜欢抱人并高举之。 ⑦蜼：猕猴类动物。蜼，音 wèi，又音 lèi。尾：字又作毚。

凡《西次四经》自阴山以下，至于崦嵫之山，凡十九山，三千六百八十里。其神祠礼，皆用一白鸡祈。糈以稻米，白菅为席。

右西经之山，凡七十七山，一万七千五百一十七里。

北　山　经

北　山　经

《北山经》之首,曰单狐之山,多机木①,其上多华草。漨水出焉,而西流注于泑水,其中多茈石文石②。

[注释]①机木:桤也,似榆,可烧灰以粪稻田。机,音 yī。　②茈:疑当作茈,此假借作"紫"。

又北二百五十里,曰求如之山,其上多铜,其下多玉,无草木。滑水出焉,而西流注于诸毗之水①。其中多滑鱼,其状如鱓②,赤背,其音如梧③,食之已疣。其中多水马④,其状如马,文臂牛尾⑤,其音如呼⑥。

[注释]①诸毗之水:水出诸毗山,因以为名。　②鱓:通鳝。　③梧:人的支吾之声。　④水马:水兽之一种。　⑤臂:前足。　⑥呼:人之呼叫声。

又北三百里,曰带山,其上多玉,其下多青碧。有兽焉,其状如马,一角有错①,其名曰𧰼疏②,可以辟火。有鸟焉，其状如乌，五采而赤文，名曰䳚䳚，是自为牝牡③，食之不疽④。彭水出焉，而西流注于芘湖之水⑤，其中多儵鱼⑥，其状如鸡而赤毛，三尾，六足，四首⑦，其音如鹊，食之可以已忧。

[注释]①错：通厝。言其角有甲错之也。　②䳚：音 huān。　③自为牝牡：一体之上，有阴阳二性生殖器官，可自行交配。　④疽：痈疽。　⑤芘：《太平御览》卷937引作"茈"。　⑥儵：《太平御览》卷937引作"鯈"，作"鯈"是，音 yóu。　⑦四首：当作"四目"。

又北四百里，曰谯明之山，谯水出焉，西流注于河。其中多何罗之鱼，一首而十身，其音如吠犬①，食之已痈。有兽焉，其状如貆而赤豪②，其音如榴榴，名曰孟槐，可以御凶③。是山也，无草木，多青雄黄④。

[注释]①吠犬：《初学记》卷30引此经作"犬吠"。　②貆：豪猪。　③凶：凶邪之气。　④多青雄黄：一作"多青碧"。

又北三百五十里，曰涿光之山，嚻水出焉，而西流注于河。其中多鰼鰼之鱼①，其状如鹊而十翼，鳞皆在羽端，其音如鹊，可以御火，食之不瘅。其上多松柏，其下多棕橿，其兽多麢羊，其鸟多蕃②。

[注释]①鰼：音 zhě。　②蕃：其义不详，或云即䴎，音 fán。

又北三百八十里，曰虢山①，其上多漆，其下多桐椐②，其阳多玉，其阴多铁。伊水出焉，西流注于河。其兽多橐驼③，其鸟多寓④，状如鼠而鸟翼，其音如羊，可以御兵。

[注释]①虢山:《初学记》卷 29、《太平御览》卷 901 引此经作"号(號)山",虢、號(号)形近易讹。　②椐:樻木,肿节中杖。椐,音 qū。　③橐驼:即骆驼。　④寓:寓寄于他处,此鸟盖即蝙蝠。

又北四百里,至于虢山之尾,其上多玉而无石。鱼水出焉,西流注于河,其中多文贝。

又北二百里,曰丹熏之山,其上多樗柏,其草多韭韰①,多丹雘。熏水出焉,而西流注于棠水。有兽焉,其状如鼠,而菟首麋身②,其音如獆犬,以其尾飞③,名曰耳鼠④,食之不睬⑤,又可以御百毒。

[注释]①韭韰:山菜名。山韭为藿,山韰为劲。韰同薤。　②菟首:《初学记》卷 29 引此经作"兔首"。麋身:《初学记》卷 29、《太平御览》卷 911 引此经并作"麋耳"。　③尾飞:或作髯飞。　④耳鼠:疑即《尔雅·释鸟》所说之"鼯鼠夷由"。　⑤睬:大腹。

又北二百八十里,曰石者之山,其上无草木,多瑶碧①。泚水出焉,西流注于河。有兽焉,其状如豹,而文题白身②,名曰孟极,是善伏,其鸣自呼。

[注释]①碧:一本作"玉"。　②题:额也。

又北百一十里,曰边春之山①,多葱、葵、韭、桃、李②。杠水出焉,而西流注于泑泽。有兽焉,其状如禺而文身③,善笑,见人则卧,名曰幽鴳④,其鸣自呼。

[注释]①春:字或作"萅"。　②葱:山葱,一名为茖。《尔雅·释草》:"茖,山葱。"韭:山韭,一名为藿。《尔雅·释草》:"藿,山韭。"桃:山桃。即榹桃。《尔雅·释木》:"榹桃,山桃。"　③文身:《太平御览》卷913引作"文背"。　④幽鴳:《太平御览》卷913引作"幽頞"。

又北二百里,曰蔓联之山,其上无草木。有兽焉,其状如禺而有鬣,牛尾、文臂、马蹄,见人则呼①,名曰足訾,其鸣自呼。有鸟焉,群居而朋飞②,其毛如雌雉③,名曰䴅,其鸣自呼,食之已风④。

[注释]①呼:《太平御览》卷913作"笑"。　②朋:成双成对。　③毛如雌雉:《玉篇》:"白䴅鸟群飞,尾如雌鸡",疑"毛如雌雉"当作"尾如雌鸡"。　④风:中风,一说性病。

又北百八十里,曰单张之山,其上无草木。有兽焉,其状如豹而长尾,人首而牛耳,一目,名曰诸犍,善吒①,行则衔其尾②,居则蟠其尾。有鸟焉,其状如雉,而文首、白翼、黄足,名曰白鵺,食之已嗌痛③,可以已痸④。栎水出焉,而南流注于杠水。

[注释]①吒:叱怒。　②衔其尾:自口衔自之尾。　③嗌:咽也。　④痸:痴病。

又北三百二十里,曰灌题之山,其上多樗柘,其下多流沙,多砥。有兽焉,其状如牛而白尾,其音如訆①,名曰那父。有鸟焉,其状如雌雉而人面,见人则跃,名曰竦斯,其鸣自呼也。匠韩之水出焉,而西流注于泑泽,其中多磁石②。

[注释]①訆:通叫。 ②磁石:可以吸铁之石。

又北二百里,曰潘侯之山,其上多松柏,其下多榛楛,其阳多玉,其阴多铁。有兽焉,其状如牛,而四节生毛,名曰旄牛。边水出焉,而南流注于栎泽。

又北二百三十里,曰小咸之山,无草木,冬夏有雪。

北二百八十里,曰大咸之山,无草木,其下多玉。是山也,四方,不可以上。有蛇名曰长蛇,其毛如彘豪①,其音如鼓柝②。

[注释]①猪豪:猪鬐之类。 ②鼓柝:敲木柝。

又北三百二十里,曰敦薨之山,其上多棕楠,其下多茈草。敦薨之水出焉,而西流注于泑泽。出于昆仑之东北隅,实惟河原。其中多赤鲑①,其兽多兕、旄牛②,其鸟多鸤鸠③。

[注释]①鲑:音 guī,河豚之属。 ②旄牛:或作朴牛。 ③鸤:亦作"尸"。

又北二百里,曰少咸之山,无草木,多青碧。有兽焉,其状如牛,而赤身、人面、马足,名曰窫窳①,其音如婴儿,是食人。敦水出焉,东流注于雁门之水②,其中多鰤鰤之鱼③,食之杀人④。

[注释]①窫窳:音 yà yǔ,传说中的一种猛兽。其名字的写法古书无定,

本书各经作"窫窳";《尔雅·释兽》、《广韵》"貐"字注都作"猰貐";《玉篇》"猰"字注作"猰貐";《淮南子·本经》、《文选·吴都赋》作"猰貐";《晋书·温峤传》作"猰窳";《文选·七命》"钻屈毂之瓠,解疏属之狗",李善注引作"猰獮"。 ②雁门之水:出于雁门山间之水。 ③䱁䱁:即河豚。其肝脏、血液中均含剧毒。䱁,音pèi。 ④食之杀人:食其肉,其肉则会毒杀食之者。

又北二百里,曰狱法之山,瀤泽之水出焉①,而东北流注于泰泽。其中多䱱鱼②,其状如鲤而鸡足,食之已疣。有兽焉,其状如犬而人面,善投③,见人则笑,其名山㹆④,其行如风,见则天下大风。

[注释]①瀤:音huái。 ②䱱:音zǎo。 ③善投:善投掷。 ④㹆:音huī。

又北二百里,曰北岳之山,多枳棘刚木①。有兽焉,其状如牛,而四角、人目、彘耳,其名曰诸怀,其音如鸣雁,是食人。诸怀之水出焉,而西流注于嚣水,其中多鮨鱼②,鱼身而犬首,其音如婴儿,食之已狂。

[注释]①枳棘刚木:檀柘之属。枳,音zhǐ。 ②鮨:音yì。

又北百八十里,曰浑夕之山,无草木,多铜玉。嚣水出焉,而西北流注于海。有蛇一首两身,名曰肥遗①,见则其国大旱。

[注释]①肥遗:《管子·水地》:"涸川之精者,生于蚖,蚖者一头而两身,其形若蛇,其长八尺,以其名呼之,可以取鱼鳖,此涸川水之精也。"涸川之精,疑即此肥遗之类。

又北五十里,曰北单之山,无草木,多葱韭。

又北百里,曰罴差之山,无草木,多马①。

[注释]①马:野马,似马而小。

又北百八十里,曰北鲜之山,是多马。鲜水出焉,而西北流注于涂吾之水①。

[注释]①涂吾:《汉书·武帝纪》:元狩二年"夏,马生余吾水中",注:"应劭曰,在朔方北也。"此"余吾"是否即彼"涂吾",存疑。

又北百七十里,曰隄山①,多马。有兽焉,其状如豹而文首,名曰狕②。隄水出焉,而东流注于泰泽,其中多龙龟③。

[注释]①隄:或作"陇"。 ②狕:音 yāo。 ③龙龟:即"吉弔",为龙所生,《北梦琐言·逸文四》:"又海上人云,龙生三卵,一为吉弔也。"

凡《北山经》之首,自单狐之山至于隄山,凡二十五山,五千四百九十里,其神皆人面蛇身。其祠之,毛用一雄鸡彘瘗,吉玉用一珪,瘗而不糈①。其山北人,皆生食不火之物②。

[注释]①瘗而不糈:言其祭不用米,皆薶其所用牲、玉。 ②不火之物:生食而不火。

北 次 二 经

《北次二经》之首,在河之东①,其首枕汾,其名曰管涔之山②。其上无木而多草,其下多玉。汾水出焉,而西流注于河。

[注释]①在河:"在河"之上,似遗"山"字。 ②涔:音cén。

又西二百五十里①,曰少阳之山,其上多玉,其下多赤银②。酸水出焉,而东流注于汾水,其中多美赭。

[注释]①又西:"西"字一本作"北"。 ②赤银:银之精为赤银。

又北五十里,曰县雍之山,其上多玉,其下多铜,其兽多闾麋①,其鸟多白翟、白鵺②。晋水出焉,而东南流注于汾水。其中多鮆鱼,其状如儵而赤麟③,其音如叱④,食之不骄⑤。

[注释]①闾:即羭。羭,似驴而歧蹄,角如麢羊,一名山驴。《逸周书·王会》:"北唐以闾",闾即羭。 ②白鵺:即白鹢,亦曰白翰、白雉。 ③儵:一本作"鯈",儵、鯈字通。儵,小鱼。麟:一本作"鳞"。 ④叱:一本作"吒"。 ⑤骄:一本作"骚"。骚:骚臭,俗名狐骚。

又北二百里,曰狐岐之山,无草木,多青碧。胜水出焉,而东北流注于汾水,其中多苍玉。

又北三百五十里,曰白沙山,广员三百里①,尽沙也,无草木鸟兽,鲔水出于其上②,潜于其下③,是多白玉。

[注释]①员:周围。 ②出于其上:出于白沙山顶之上。 ③潜于其下:至白沙山下而流入地中不见。

又北四百里,曰尔是之山,无草木,无水。

又北三百八十里,曰狂山,无草木。是山也,冬夏有雪。狂水出焉,而西流注于浮水,其中多美玉。

又北三百八十里,曰诸余之山,其上多铜、玉,其下多松柏。诸余之水出焉,而东流注于旄水。

又北三百五十里,曰敦头之山,其上多金玉,无草木。旄水出焉,而东流注于邛泽①,其中多䮍马②,牛尾而白身,一角,其音如呼。

[注释]①邛泽:当作"卬泽"。 ②䮍:音 bó。

又北三百五十里,曰钩吾之山,其上多玉,其下多铜。有兽焉,其状如羊身人面①,其目在腋下②,虎齿人爪,其音如婴儿,名曰狍鸮③,是食人④。

[注释]①其状如羊身人面:《文选·为袁绍檄豫州》"饕餮放横伤化虐民",李善注引《山海经》此句无"其状如"三字。 ②其目在腋下:《文选》李注引此句作"其口腋下"。 ③狍:音 páo。 ④是食人:郭璞注:"为物贪惏,食人未尽,还害其身。像在夏鼎,《左传》所谓饕餮是也。"

又北三百里,曰北嚻之山,无石,其阳多碧,其阴多玉。有兽焉,其状如虎,而白身犬首,马尾彘鬣,名曰独狢①。有鸟焉,其状如乌,人面,名曰䝙鹕②,宵飞而昼伏,食之已暍③。涔水出焉,而东流注于邛泽。

[注释]①㺎:音yù。 ②𪇳䴅:音bān mào。 ③喝,中热。字音yè。

又北三百五十里,曰梁渠之山,无草木,多金玉。脩水出焉,而东流注于雁门①,其兽多居暨,其状如汇而赤毛②,其音如豚。有鸟焉,其状如夸父③,四翼、一目、犬尾,名曰嚣,其音如鹊,食之已腹痛,可以止衕④。

[注释]①雁门:水名。 ②汇(彙):一种小动物,似鼠,毛如刺猬。 ③夸父:或作"举父"。 ④衕:通"洞",洞谓洞下,即腹泻。

又北四百里,曰姑灌之山,无草木。是山也,冬夏有雪。

又北三百八十里,曰湖灌之山,其阳多玉,其阴多碧,多马。湖灌之水出焉,而东流注于海,其中多鳝①。有木焉,其叶如柳而赤理②。

[注释]①鳝:鳝。 ②赤理:赤色的纹理。

又北水行五百里,流沙三百里,至于洹山,其上多金玉。三桑生之,其树皆无枝,其高百仞,百果树生之。其下多怪蛇。

又北三百里,曰敦题之山,无草木,多金玉。是錞于北海①。

[注释]①錞:通蹲。

凡《北次二经》之首,自管涔之山至于敦题之山,凡十七山①,五千六百九十里。其神皆蛇身人面。其祠:毛用一雄鸡彘瘗②,用一璧一珪,投而不糈③。

[注释]①十七山:当为"十六山"。案:《北次二经》共计只十六山。又《北山经》之首共二十五山;《北次三经》共四十六山;而南经之山"凡八十七山",知《北次二经》必为"十六山"无疑。　②用一雄鸡彘瘗:言"用一只雄鸡和一头彘(猪)来举行对《北次二经》各神的薶祭。"薶即埋,埋一雄鸡与一彘以祭各山之神也。　③投而不糈:摘玉于山中以礼神,不以精米薶祭之也。

北次三经

《北次三经》之首曰太行之山①。其首曰归山,其上有金玉,其下有碧②。有兽焉,其状如麢羊而四角③,马尾而有距④,其名曰𮧯⑤,善还⑥,其名自訆⑦。有鸟焉,其状如鹊⑧,白身、赤尾、六足⑨,其名曰鹎⑩,是善惊,其鸣自詨⑪。

[注释]①太行之山:《艺文类聚》卷7引此经作"太行山",无"之"字。②其下有碧:《艺文类聚》卷7引此经作"下有碧玉",无"其"字,有"玉"字。③麢羊:《郡国志》刘昭注引此经"麢"作"麇",无"羊"字。　④距:原指雄鸡足后突出如趾的部分。　⑤𮧯:音 huī。　⑥还:通旋。　⑦訆:同叫。　⑧如鹊:当作"如鹄":《广韵》:"鹎,似鹄",鹊、鹄形近易讹。　⑨白身、赤尾、六足:《广韵》"鹎,似鹄,白身、三目、赤尾、六足"。　⑩鹎:音 bēn。⑪詨:呼也,音 jiào。

又东北二百里,曰龙侯之山,无草木,多金玉。决决之水出焉①,而东流注于河。其中多人鱼②,其状如鯑鱼③,

四足,其音如婴儿,食之无痴疾④。

[注释]①决决之水:《太平御览》卷938引此经作"决水"。　②人鱼:即鲵,俗称娃娃鱼,似鲇,四足,声如小儿啼,故又称鳀鱼。　③鳀:音tí。　④痴疾:不慧。《中山经》曰:"休水……其中多鳀鱼,食之无蛊疾。"与此文有异。

又东北二百里,曰马成之山,其上多文石,其阴多金玉。有兽焉,其状如白犬而黑头,见人则飞①,其名曰天马,其鸣自训。有鸟焉,其状如乌,首白而身青、足黄,是名曰鶌鶋②,其鸣自詨,食之不饥,可以已寓③。

[注释]①见人则飞:言其有肉翅,能飞行自如。　②鶌鶋:音qū jū。　③寓:通瘉,音yù,疣病也。

又东北七十里,曰咸山,其上有玉,其下多铜,是多松柏,草多茈草。条菅之水出焉,而西南流注于长泽。其中多器酸①,三岁一成,食之已疠。

[注释]①器酸:不详何物。或物之可食而酸者。

又东北二百里,曰天池之山,其上无草木,多文石。有兽焉,其状如兔而鼠首,以其背飞①,其名曰飞鼠。渑水出焉,潜于其下,其中多黄垩②。

[注释]①背飞:以其背上之毛飞,飞则仰天面上。　②垩:土也。

又东三百里,曰阳山,其上多玉,其下多金铜。有兽焉,其状如牛而赤尾,其颈䫌①,其状如句瞿②,其名曰领胡③,其鸣自詨,食之已狂。有鸟焉,其状如雌雉,而五采以文,是自为牝牡,名曰象蛇,其鸣自詨。留水出焉,而南流注于河。其中有鲐父之鱼④,其状如鲋鱼,鱼首而彘身,食之已呕。

[注释]①肾:音 shèn,肉囊也。 ②句瞿:斗也。 ③领胡:言牛颈之肉垂。领,项也;胡,牛颔之垂肉。 ④鲐:音 xiàn。

又东三百五十里,曰贲闻之山,其上多苍玉,其下多黄垩,多涅石①。

[注释]①涅石:用以染黑之石。

又北百里,曰王屋之山,是多石。㳌水出焉①,而西北流于泰泽。

[注释]①㳌:音 niǎn。

又东北三百里,曰教山,其上多玉而无石。教水出焉,西流注于河,是水冬干而夏流,实惟干河。其中有两山,是山也,广员三百步,其名曰发丸之山,其上有金玉。

又南三百里,曰景山,南望盐贩之泽①,北望少泽,其上多草、薯萸②,其草多秦椒③,其阴多赭,其阳多玉。有鸟焉,其状如蛇,而四翼、六目、三足,名曰酸与,其鸣自詨,见则其邑有恐④。

[注释]①盐贩之泽:或无"贩"字,即盐池,在今山西省运城市。 ②薯萸:音 shǔ yù,根似羊蹄,可食。即今之山药。 ③秦椒:细长的辣椒。 ④见则其邑有恐:郭璞注:"或曰:食之不醉。"

又东南三百二十里,曰孟门之山,其上多苍玉,多金;其下多黄垩,多涅石。

又东南三百二十里,曰平山。平水出于其上,潜于其下,是多美玉。

又东二百里①,曰京山,有美玉,多漆木,多竹,其阳有赤铜,其阴有玄䃼②。高水出焉,南流注于河。

[**注释**]①二百里:何焯校作"三百里"。　②玄䃼:黑色砥石。䃼,音 xiāo。

又东二百里①,曰虫尾之山,其上多金玉,其下多竹,多青碧。丹水出焉,南流注于河。薄水出焉,而东南流注于黄泽。

[**注释**]①二百里:何焯校作"三百里"。

又东三百里,曰彭㱙之出①,其上无草木,多金玉,其下多水。蚤林之水出焉,东南流注于河。肥水出焉,而南流注于床水,其中多肥遗之蛇。

[**注释**]①彭:各校本作"鼓"。

又东百八十里,曰小侯之山。明漳之水出焉,南流注于黄泽。有鸟焉,其状如乌而白文,名曰鸪鹈①,食之不灂②。

[**注释**]①鸪鹈:音 gū xí。　②灂:或作矐,音 jiào。瞁目,定睛死看。

又东三百七十里,曰泰头之山。共水出焉,南流注于虖池①。其上多金玉,其下多竹箭。

[注释]①虖池:音 hū tuó,今写作滹沱。

又东北二百里,曰轩辕之山,其上多铜,其下多竹。有鸟焉,其状如枭而白首,其名曰黄鸟,其鸣自詨,食之不妒。

又北二百里,曰谒戾之山,其上多松柏,有金玉。沁水出焉,南流注于河。其东有林焉,名曰丹林。丹林之水出焉,南流注于河。婴侯之水出焉,北流注于汜水。

东三百里,曰沮洳之山,无草木,有金玉,濝水出焉①,南流注于河。

[注释]①濝:音 qí。

又北三百里,曰神囷之山①,其上有文石,其下有白蛇,有飞虫。黄水出焉,而东流注于洹。滏水出焉,而东流注于欧水。

[注释]①囷:音 qún。《广韵》上声九"麌"引此经作"箘"。

又北二百里,曰发鸠之山①,其上多柘木,有鸟焉,其状如乌,文首、白喙、赤足②,名曰精卫,其鸣自詨。是炎帝之少女,名曰女娃。女娃游于东海,溺而不返,故为精卫。常衔西山之木石,以堙于东海③。漳水出焉,东流注于河。

[注释]①发鸠之山:亦名发苞山、鹿谷山、廉山,为太行山之分支,在今山

西省长子县西。　　②文首、白喙、赤足:《广韵》"卫"字下引作"白首、赤喙"。
③堙:音yīn,塞也。

又东北百二十里,曰少山,其上有金玉,其下有铜。清漳之水出焉,东流于浊漳之水①。

[注释]①东流于:"流"下疑脱"注"字。

又东北二百里,曰锡山,其上多玉,其下有砥。牛首之水出焉,而东流注于滏水。

又北二百里,曰景山,有美玉。景水出焉,东南流注于海泽。

又北百里,曰题首之山,有玉焉,多石,无水。

又北百里,曰绣山,其上有玉、青碧,其木多栒①,其草多芍药、芎䓖。洧水出焉,而东流注于河。其中有鳠、黾②。

[注释]①栒:木中之干材可以为杖者。　　②鳠:鱼名,似鲇而大,白色。黾:耿黾,形似青蛙而大腹,一名土鸭。

又北百二十里,曰松山,阳水出焉,东北流注于河。

又北百二十里,曰敦与之山,其上无草木,有金玉。溹水出于其阳①,而东流注于泰陆之水;泜水出于其阴②,而东流注于彭水。槐水出焉,而东流注于泜泽。

[注释]①潊:音 suǒ。　②泜:音 dǐ。

又北百七十里,曰柘山,其阳有金玉,其阴有铁。历聚之水出焉,而北流注于洧水。

又北三百里,曰维龙之山,其上有碧玉,其阳有金,其阴有铁。肥水出焉,而东流注于皋泽,其中有礨石①。敞铁之水出焉,而北流注于大泽。

[注释]①礨:字或作垒(壘),大石。

又北百八十里,曰白马之山,其阳多石玉,其阴多铁,多赤铜。木马之水出焉,而东北流注于虖沱①。

[注释]①虖沱:即虖池。今作滹沱。

又北二百里,曰空桑之山①,无草木,冬夏有雪。空桑之水出焉,东流注于虖沱②。

[注释]①空桑之山:《东次二经》亦有此山,二者重名。　②虖沱:宋本作"虖池"。

又北三百里,曰泰戏之山,无草木,多金玉。有兽焉,其状如羊,一角一目,目在耳后,其名曰𣎳𣎳①,其鸣自训。虖沱之水出焉②,而东流注于溇水③。液女之水出于其阳④,南流注于沁水。

[注释]①𣎳:音 dòng。　②虖沱:宋本作"虖池"。　③溇:音 lóu,一本作"娄"。　④液:音 yì。

又北三百里,曰石山,多藏金玉①。濩濩之水出焉②,而东流注于虖沱③;鲜于之水出焉,而南流注于虖沱④。

[注释]①藏:古字作"臧"。 ②濩:音 huò。 ③虖沱:宋本作"虖池"。 ④南流:吴任臣本"南"上有"西"字。虖沱:宋本作"虖池"。

又北二百里,曰童戎之山。皋涂之水出焉,而东流注于溇液水。

又北三百里,曰高是之山。滋水出焉①,而南流注于虖沱。其木多棕,其草多条。滱水出焉②,东流注于河。

[注释]①滋:音 cí。 ②滱:音 kòu。

又北三百里,曰陆山,多美玉。郪水出焉①,而东流注于河。

[注释]①郪:或作"郯"。

又北二百里,曰沂山①。般水出焉②,而东流注于河。

[注释]①沂:音 qí。 ②般:音 bān。

北百二十里,曰燕山,多婴石①。燕水出焉,东流注于河。

[注释]①婴石:言石似玉有符彩婴带,所谓燕石者也。

又北山行五百里,水行五百里,至于饶山。是无草木,多瑶碧,其兽多橐驼①,其鸟多鹠②。历虢之水出焉,而东流注于河,其中有师鱼③,食之杀人。

[注释]①橐驼:宋本作橐驼,即骆驼。 ②鹠:未详何鸟。或曰即鸺鹠。 ③师鱼:未详何鱼。或曰鲵也。《酉阳杂俎·鳞介篇》:"鲵鱼如鲇,四足长尾,能上树……峡中人食之,先缚于树,鞭之,身上白汗出如构汁,去此方可食,不尔有毒。"

又北四百里,曰乾山①,无草木,其阳有金玉,其阴有铁而无水。有兽焉,其状如牛而三足,其名曰獂②,其鸣自詨。

[注释]①乾:下言其阴无水,则此"乾山"应系一干涸之山,故"乾"字应读作"gān"。 ②獂:当作豲。

又北五百里,曰伦山。伦水出焉,而东流注于河。有兽焉,其状如麇,其川在尾上①,其名曰羆②。

[注释]①川:"州"字之讹。州:窍。《尔雅·释畜》:"白州驠。"郭璞注:"州,窍。"州、川形近易讹,此"州"讹为"川"字。 ②羆:当作"羆九",脱"九"字。

又北五百里,曰碣石之山。绳水出焉,而东流注于河,其中多蒲夷之鱼①。其上有玉,其下多青碧。

[注释]①蒲夷之鱼:疑即冉遗鱼。

又北水行五百里,至于雁门之山①,无草木。

[注释]①雁门山:雁出其间,因以为名。

又北水行四百里,至于泰泽。其中有山焉,曰帝都之山,广员百里,无草木,有金玉。

又北五百里,曰䓴于毋逢之山,北望鸡号之山①,其风如飚②。西望幽都之山,浴水出焉③。是有大蛇,赤首白身,其音如牛,见则其邑大旱。

[注释]①鸡号:《说文》《玉篇》引此经作"惟号"。 ②飚:急风,飘风。飚,甲骨文作𦥑、劦,郭璞注:"飚,音戾。"非,音当读 xié。 ③浴水:即黑水。

凡《北次三经》之首,自太行之山以至于无逢之山,凡四十六山①,万二千三百五十里。其神状皆马身而人面者廿神。其祠之,皆用一藻茝瘗之②。其十四神状皆彘身而载玉③。其祠之,皆玉,不瘗④。其十神状皆彘身而八足、蛇尾。其祠之,皆用一璧瘗之。大凡四十四神,皆用稌糈米祠之,此皆不火食⑤。

[注释]①四十六山:实则四十七山。然而 10 与 25 节均为"景山",如二者重复去一,则正四十六山也。 ②藻茝:藻,聚藻茝,音 cǎi,香草,兰属。江绍原以为"藻珪"之误,因无以香草瘗神之礼也。 ③载:通戴。 ④不瘗:不瘗所祠之玉也。 ⑤此皆不火食:以上"稌糈米",皆不火食而生祠神明。

右北经之山志,凡八十七山,二万三千二百三十里。

东　山　经

东　山　经

《东山经》之首,曰樕𧑒之山①,北临乾昧②。食水出焉。而东北流注于海。其中多鱅鱅之鱼,其状如犁牛③,其音如彘鸣④。

[注释]①樕𧑒:音 sù zhū。　②乾昧:山名。昧,音 mèi。　③犁牛:牛似虎文。　④彘鸣:《太平御览》卷 939 引此经作"彘",无"鸣"字。

又南三百里,曰藟山①,其上有玉,其下有金。湖水出焉,东流注于食水,其中多活师②。

[注释]①藟:音 lěi。　②活师:蝌蚪。《尔雅·释鱼》称蝌蚪为"活东"。

又南三百里,曰栒状之山,其上多金玉,其下多青碧石。有兽焉,其状如犬,六足,其名曰从从,其鸣自詨。有鸟焉,其状如鸡而鼠毛①,其名曰蚩鼠②,见则其邑大旱。泚水出焉③。而北流注于湖水。其中多箴鱼④,其状如鯈⑤,其喙如箴,食之无疫疾。

[注释]①鼠毛:《说文》"䶅鼠,似鸡,鼠尾。"知作"鼠毛"误,当作"鼠尾"。 ②䶅鼠:《说文》作"㲉鼠",是。 ③汦:音 zhǐ。 ④箴:通针。 ⑤鯈:即鯈。

又南三百里,曰勃㕍之山①,无草木,无水。

[注释]①㕍:古"齐"字。

又南三百里,曰番条之山,无草木,多沙。减水出焉①,北流注于海,其中多鱤鱼②。

[注释]①减:郭璞注:"音同减损之减。"郝懿行云:"减即减损之字,何须用音?知经文必不作减,未审何字之讹。"慧案:下文言"其中多鱤鱼",疑此水名为"感水"。感字音减,故郭注曰:"感即减损之减。" ②鱤鱼:感水所出,当名"感鱼"。涉下"鱼"字误增作鱤。

又南四百里,曰姑儿之山,其上多漆,其下多桑柘。姑儿之水出焉,北流注于海,其中多鱤鱼①。

[注释]①鱤鱼:涉上文"减水……其中多鱤鱼"而误。

又南四百里,曰高氏之山,其上多玉,其下多箴石①。诸绳之水出焉,东流注于泽,其中多金玉。

[注释]①箴石:可以为砭针治痈肿者。

又南三百里,曰岳山,其上多桑,其下多樗。泺水出焉①,东流注于泽,其中多金玉。

[注释]①泺：音 luō。

又南三百里，曰犲山①，其上无草木，其下多水，其中多堪𬶍之鱼②。其兽焉③，其状如夸父而彘毛④，其音如呼，见则天下大水。

[注释]①犲：即豺。 ②𬶍：音 xù，鱼子。字讹做"𬶍"。 ③其：疑为"有"字之讹。 ④毛：《康熙字典》引作"尾"。

又南三百里，曰独山，其上多金玉，其下多美石。末涂之水出焉，而东南流注于沔，其中多鯈䱅①，其状如黄蛇，鱼翼，出入有光，见则其邑大旱。

[注释]①鯈䱅：音 tiáo róng。

又南三百里，曰泰山①，其上多玉，其下多金②。有兽焉，其状如豚而有珠，名曰狪狪③，其鸣自讹。环水出焉，东流注于江④，其中多水玉。

[注释]①泰山：在今山东省泰安县。 ②多金：《史记·秦始皇本纪》正义下引此经作"多石"。 ③狪：音 tōng。 ④江：一作"海"。

又南三百里，曰竹山，錞于江①，无草木，多瑶碧。激水出焉，而东南流注于娶檀之水，其中多茈蠃②。

[注释]①江：一作"淮"。 ②茈蠃：紫色蠃也。蠃，蠃字之讹。

凡《东山经》之首，自樕𣛳之山以至于竹山，凡十二山，三千六百里。其神状皆人身龙首。祠：毛用一犬祈，聊用鱼①。

[注释]①聃:音ěr。以血涂祭曰聃。字当作"䰱"。

东次二经

《东次二经》之首,曰空桑之山,北临食水,东望沮吴,南望沙陵,西望湣泽①。有兽焉,其状如牛而虎文,其音如钦②。其名曰软软③,其鸣自叫,见则天下大水。

[注释]①湣:音mín。 ②钦:字或作"吟"。 ③软:音líng。

又南六百里,曰曹夕之山,其下多穀(谷)而无水①,多鸟兽。

[注释]①穀(谷):字当作穀。多穀(谷)不当无水,故知"穀"为"穀"字之讹。

又西南四百里,曰峄皋之山①,其上多金玉,其下多白垩。峄皋之水出焉②,东流注于激女之水③,其中多蜃珧。

[注释]①峄:音yì。 ②峄皋之水:《尔雅·释鱼》"蜃,小者珧",疏引此经无"峄"字。 ③激女:《尔雅·释鱼》"蜃,小者珧",疏(注疏本)引此经、《玉篇》"珧"字下引此经均作"激汝"。

又南水行五百里,流沙三百里,至于葛山之尾,无草木,多砥砺。

又南三百八十里,曰葛山之首,无草木。澧水出焉,东流注于余泽,其中多珠蟞鱼①,其状如肺而有目②,六足有珠③,其味酸甘,食之无疠④。

[注释]①珠蟞鱼:蟞,音 biē。《太平御览》卷 939、《文选·江赋》"赪蟞肺跃而吐玑",李善注引此经"鱼"上并有"之"字。珠蟞,《御览》引作"珠鳖"。《吕氏春秋·本味》作"朱鳖"。 ②肺:一本作"胏"。有目:《山海经》图"珠蟞鱼"作四目;《初学记》卷 8 引《南越志》曰:"海中多朱鳖,状如肺,有四眼六脚而吐珠。"故疑"有目"为"四眼"之讹。 ③有珠:《初学记》卷 8 引《南越志》作"吐珠"。 ④疠:时气病也。《御览》939 卷引疠作"疬",误。

又南三百八十里,曰余峨之山①。其上多梓柟,其下多荆芑②。杂余之水出焉,东流注于黄水。有兽焉,其状如菟而鸟喙③,鸱目蛇尾,见人则眠④,名曰犰狳⑤,其鸣自讧,见则螽蝗为败⑥。

[注释]①余峨:《太平御览》卷 913 引作"余我"。 ②芑:假借为杞。 ③菟:《御览》引作"兔"。 ④眠:《御览》误作"眼"。眠,佯死。 ⑤犰狳:诸家校作"犰狳",音 jī yú。 ⑥螽蝗:《御览》引作"虫蝗"。 为败:郭璞注:"言伤败田苗。"

又南三百里,曰杜父之山,无草木,多水。

又南三百里,曰耿山,无草木,多水碧①,多大蛇。有兽焉,其状如狐而鱼翼,其名曰朱獳②,其鸣自讧,见则其国有恐。

[注释]①水碧:水玉之类。 ②獳:音 rú。

又南三百里,曰卢其之山①,无草木,多沙石。沙水出焉，南流注于涔水，其中多鵸䳜②，其状如鸳鸯而人足，其鸣自讹，见则其国多土功。

[注释]①卢其：《太平御览》卷925引作"宪斯"。 ②鵸䳜：《御览》引作"鸬䳜"。鵸，音lí。

又南三百八十里，曰姑射之山，无草木，多水。

又南水行三百里，流沙百里，曰北姑射之山，无草木，多石。

又南三百里，曰南姑射之山，无草木，多水。

又南三百里，曰碧山，无草木，多大蛇，多碧、水玉。

又南五百里，曰緱氏之山①，无草木，多金玉。原水出焉，东流注于沙泽。

[注释]①緱氏：一曰"侠氏"。

又南三百里，曰姑逢之山，无草木，多金玉。有兽焉，其状如狐而有翼，其音如鸿雁，其名曰獙獙①，见则天下大旱。

[注释]①獙：音bì。

又南五百里，曰凫丽之山，其上多金玉，其下多箴石，有兽焉，其状如狐，而九尾、九首、虎爪①，名曰蠪姪②，其音如婴儿,是食人。

[注释]①九首:《广韵》"蚕"字下引无"九首"二字。　②蚕蛭:《广韵》作"蚕蛭",音 lóng zhí。

又南五百里,曰硾山①,南临硾水,东望湖泽,有兽焉,其状如马,而羊目②、四角、牛尾,其音如獆狗,其名曰峳峳③。见则其国多狡客④。有鸟焉,其状如凫而鼠尾,善登木,其名曰絜钩,见则其国多疫⑤。

[注释]①硾:音 zhēn。　②羊目:《藏经》本作"羊首"。　③峳:音 yōu。　④狡客:狡猾之人。　⑤疫:传染病。

凡《东次二经》之首,自空桑之山至于硾山,凡十七山,六千六百四十里。其神状皆兽身人面载觡①。其祠:毛用一鸡祈,婴用一璧瘗②。

[注释]①觡:音 gē,麋鹿类动物之角为觡。　②婴:通"罂"。

东次三经

又《东次三经》之首①,曰尸胡之山,北望㻬山②,其上多金玉,其下多棘。有兽焉,其状如麋而鱼目,名曰妴胡③,其鸣自训。

[注释]①又《东次三经》:汪绂本无"又"字。　②㻬:音 xiáng。　③妴:音 wǎn。

又南水行八百里,曰岐山,其木多桃李,其兽多虎。

又南水行五百里,曰诸钩之山,无草木,多沙石。是山也,广员百里,多寐鱼①。

[注释]①寐鱼:即鲦鱼。

又南水行七百里,曰中父之山,无草木,多沙。

又东水行千里,曰胡射之山,无草木,多沙石。

又南水行七百里,曰孟子之山①,其木多梓桐,多桃李,其草多菌蒲,其兽多麋鹿。是山也,广员百里。其上有水出焉,名曰碧阳,其中多鳣鲔②。

[注释]①孟子之山:毕沅本据《藏本》作"孟于之山"。 ②鲔:即鳣,似鳣而长鼻,体无鳞甲,别名鮥鳣,一名鮥。

又南水行五百里,曰流沙①,行五百里②,有山焉,曰跂踵之山③,广员二百里,无草木,有大蛇,其上多玉。有水焉,广员四十里皆涌④,其名曰深泽,其中多蠵龟⑤。有鱼焉,其状如鲤,而六足鸟尾,名曰鲐鲐之鱼⑥,其名自叫⑦。

[注释]①曰流沙:"曰"字疑衍。 ②行五百里:"行"字疑衍。 ③跂:音qǐ。 ④涌:源在地底,喷沸涌出。 ⑤蠵:觜蠵,大龟也,背甲上有文采,似瑇瑁而薄。蠵音xié。 ⑥鲐:音gé。 ⑦名:一本作"鸣"。

又南水行九百里,曰踽隅之山①,其上多草木,多金玉,多赭。有兽焉,其状如牛而马尾,名曰精精,其鸣自叫。

[注释]①踇隅:音 mǔ yǔ,《玉篇》、《广韵》并作"踇偶"。

又南水行五百里,流沙三百里,至于无皋之山,南望幼海①,东望榑木②,无草木,多风。是山也,广员百里。

[注释]①幼海:即少海。《淮南子·地形》:"东方曰大渚,曰少海。"②榑木:即扶桑。

凡《东次三经》之首,自尸胡之山至于无皋之山,凡九山,六千九百里。其神状皆人身而羊角。其祠:用一牡羊,米用黍。是神也,见则风雨水为败①。

[注释]①风雨水为败:风雨水败害田禾。

东次四经

又《东次四经》之首①,曰北号之山,临于北海。有木焉,其状如杨,赤华,其实如枣而无核,其味酸甘,食之不疟②。食水出焉,而东北流注于海。有兽焉,其状如狼,赤首鼠目,其音如豚,名曰猲狙③,是食人。有鸟焉,其状如鸡而白首,鼠足而虎爪,其名曰鬿雀④,亦食人。

[注释]①又《东次四经》之首:一本无"又"字。 ②疟:疟疾。 ③猲狙:当作"獦狚"。《玉篇》《广韵》并作"獦狚"。 ④鬿:音 qí。《楚辞·天问》"鬿堆焉处",王逸注:"鬿堆,奇兽也。"柳宗元《天对》:"鬿雀峙北号,惟人是食。"注云:"堆当为雀"。知鬿堆即鬿雀,唯不为兽,乃鸟耳。

又南三百里,曰㕾山,无草木。苍体之水出焉,而西流注于展水。其中多鱃鱼①,其状如鲤而大首,食者不疣②。

[注释]①鱃:即鳅,泥鳅。 ②疣:通肬,即赘肬。

又南三百二十里,曰东始之山,上多苍玉。有木焉,其状如杨而赤理,其汁如血,不实①,其名曰芑②,可以服马③。泚水出焉,而东北流注于海,其中多美贝,多茈鱼,其状如鲋,一首而十身,其臭如蘪芜④,食之不糠⑤。

[注释]①实:结果。 ②芑:假借作"杞"。 ③服马:以芑之汁涂马,可以调之为良。 ④臭:气味。 ⑤糠:《广韵》(宋本):"失气。"失气即内气下泄,故此糠即"屁"字。

又东南三百里,曰女烝之山,其上无草木,石膏水出焉,而西注于鬲水,其中多薄鱼,其状如鳣鱼而一目,其音如欧①,见则天下大旱。

[注释]①如欧:如人呕吐之声。

又东南二百里,曰钦山,多金玉而无石。师水出焉,而北流注于皋泽,其中多鱃鱼,多文贝。有兽焉,其状如豚而有牙,其名曰当康①,其鸣自叫,见则天下大穰。

[注释]①当康:当康、大穰声转义近,故当康义即大穰。盖岁将丰稔,其兽先出以为瑞兆。

又东南二百里,曰子桐之山,子桐之水出焉,而西流注于余如之泽。其中多鳠鱼①,其状如鱼而鸟翼,出入有光,其音如鸳鸯,见则天下大旱。

[注释]①鳛:音 huá。

又东北二百里,曰剡山,多金玉。有兽焉,其状如彘而人面,黄身而赤尾,其名曰合窳①,其音如婴儿。是兽也,食人,亦食虫蛇,见则天下大水。

[注释]①窳:音 yǔ。

又东二百里,曰太山,上多金玉、桢木①。有兽焉,其状如牛而白首,一目而蛇尾,其名曰蜚②,行水则竭③,行草则死,见则天下大疫④。钩水出焉,而北流注于劳水,其中多鳋鱼。

[注释]①桢木:即女桢,叶经冬不凋。 ②蜚:音 fěi。 ③行水则竭:此兽行经流水,流水则枯竭。 ④见则天下大疫:言此兽体含灾气,出现后天下就生大流疫。

凡《东次四经》之首,自北号之山至于太山,凡八山,一千七百二十里①。

[注释]①"里"下不言神状及祠物,疑有脱文。

右《东经》之山志,凡四十六山,万八千八百六十里。

中　山　经

中　山　经

　　《中山经》薄山之首,曰甘枣之山。共水出焉,而西流注于河。其上多杻木。其下有草焉,葵本而杏叶①,黄华而荚实,名曰箨②,可以已瞢③。有兽焉,其状如𪕮鼠而文题④,其名曰𪕏⑤,食之已瘿。

　　[注释]①杏叶:或作"楛叶"。　②箨:音 tuō。　③瞢:音 máng,目不明。　④𪕮:字亦作𪕧。文题:纹额。　⑤𪕏:音 nài,或写作"熊"。

　　又东二十里,曰历儿之山,其上多橿,多枥木①,是木也,方茎而员叶②,黄华而毛,其实如拣③,服之不忘。

　　[注释]①枥:音 lì。　②员:通圆。　③拣:一本作"栋",作栋是。

　　又东十五里,曰渠猪之山,其上多竹,渠猪之水出焉,而南流注于河。其中是多豪鱼,状如鲔①,赤喙尾赤羽②,可以已白癣③。

[注释]①鲔:音wēi,似鳝。 ②赤喙尾:《太平御览》卷742引此经作"赤喙赤尾"。卷939引此经"赤喙尾"上有"而"字。 ③可以:《御览》卷742引"可以"上有"食之"二字;卷939引"可以"上有"食"字。白癣:《御览》卷939引作"白疥"。

又东三十五里,曰葱聋之山,其中多大谷,是多白垩,黑、青、黄垩①。

[注释]①黑、青、黄垩:言有杂色之垩。

又东十五里,曰涹山①,其上多赤铜,其阴多铁。

[注释]①涹:音wō。

又东七十里,曰脱扈之山。有草焉,其状如葵叶而赤华,荚实,实如棕荚,名曰植楮①,可以已癙②,食之不眯③。

[注释]①植楮:《太平御览》卷742引此经作"植猪"。 ②已癙:郭璞注:"癙,病也。《淮南子》曰:'狸头已癙'也。"案:今本《淮南子·说山》曰:"狸头愈鼠,鸡头已瘘。"《太平御览》卷742引《淮南子》作"狸头已鼠,鸡头已瘘"。 ③眯:梦魇。

又东二十里,曰金星之山,多天婴,其状如龙骨,可以已痤①。

[注释]①痤:小肿,一曰:皮上磈磊病。

又东七十里,曰泰威之山。其中有谷曰枭谷,其中多铁。

又东十五里,曰榣谷之山①,其中多赤铜。

[注释]①榣谷:或作"檀谷"。

又东百二十里,曰吴林之山,其中多葌草①。

[注释]①葌:《说文》:"葌,香草,出吴林山。"

又北三十里,曰牛首之山。有草焉,名曰鬼草①,其叶如葵而赤茎②,其秀如禾③,服之不忧④。劳水出焉⑤,而西流注于潏水⑥。是多飞鱼,其状如鲋鱼⑦,食之已痔衕⑧。

[注释]①鬼草:《太平御览》卷468引此经作"鬼目"。 ②如葵:《御览》卷468引作"如莱"。 ③秀:《御览》卷44引此经作"莠"。秀、莠古通,谓植物吐华。 ④服之不忧:《御览》卷44作"服之使人不忧"。 ⑤劳水:《御览》卷44作"涝水"。 ⑥潏:音jué。 ⑦鲋鱼:《御览》卷44作"鲋",无"鱼"字。 ⑧已痔衕:《御览》卷44作"疗痔疾"。

又北四十里,曰霍山,其木多榖。有兽焉,其状如狸,而白尾有鬣,名曰朏朏①,养之可以已忧。

[注释]①朏:音fēi。

又北五十二里,曰合谷之山①,是多蔒棘②。

[注释]①合谷:《玉篇》"蔒"字:"金谷多蔒棘。"知"合谷"一作"金谷"。 ②蔒棘:《尔雅·释草》:"髦,颠蕀。"《本草》:"天蕥冬一名颠棘。"颠蕀即颠棘,蔒字《玉篇》"丁敢切",故知"蔒"、"颠"音近相通,蔒棘即颠蕀、颠棘也。

又北三十五里,曰阴山①,多砺石、文石②。少水出焉,其中多彫棠,其叶如榆叶而方,其实如赤菽③,食之已聋。

[注释]①阴山:一曰险山。 ②砺石:石中可以制磨者。 ③菽:豆。

又东四百里,曰鼓镫之山,多赤铜。有草焉,名曰荣草,其叶如柳,其本如鸡卵,食之已风。

凡薄山之首,自甘枣之山至于鼓镫之山,凡十五山,六千六百七十里。历儿,冢也,其祠礼:毛,太牢之具,县以吉玉①。其余十三山者,毛用一羊,县婴用桑封②,瘗而不糈。桑封者,桑主也③,方其下而锐其上,而中穿之加金④。

[注释]①县:《尔雅·释天》:"祭山曰庪县。" ②桑封:江绍原以为"藻珪"之讹。 ③桑主:江以为"藻玉"之讹。婴系以玉而献神。 ④中穿:桑主(藻玉)之形,中间穿孔。加金:镶以金边。

中 次 二 经

《中次二经》济山之首,曰辉诸之山,其上多桑,其兽多闾麋,其鸟多鹖①。

[注释]①鹖:《玉篇》:"鹖,何葛切;鸟似雉而大,青色,有毛角,斗死而止。"

又西南二百里,曰发视之山,其上多金玉,其下多砥砺。即鱼之水出焉,而西流注于伊水。

又西三百里,曰豪山,其上多金玉而无草木。

又西三百里,曰鲜山,多金玉,无草木。鲜水出焉,而北流注于伊水。其中多鸣蛇,其状如蛇而四翼,其音如磬,见则其邑大旱。

又西三百里,曰阳山,多石,无草木。阳水出焉,而北流注于伊水。其中多化蛇,其状如人面而豺身,鸟翼而蛇行,其音如叱呼,见则其邑大水。

又西二百里,曰昆吾之山,其上多赤铜。有兽焉,其状如彘而有角,其音如号①,名曰蠪蚳②,食之不眯。

[注释]①如号:如人之号哭。　②蠪蚳:当作"蠪蛭"。

又西百二十里,曰葌山①,葌水出焉,而北流注于伊水,其上多金玉,其下多青雄黄。有木焉,其状如棠而赤叶,名曰芒草②,可以毒鱼。

[注释]①葌:音 jiān。　②芒:音 wàng。

又西一百五十里,曰独苏之山,无草木而多水。

又西二百里,曰蔓渠之山,其上多金玉,其下多竹箭。伊水出焉,而东流注于洛。有兽焉,其名曰马腹①,其状如人面虎身②,其音如婴儿,是食人。

[注释]①马腹:一本作"马肠"。 ②如人面:毕沅校作"如人而",是。

凡济山之首,自辉诸之山至于蔓渠之山,凡九山,一千六百七十里,其神皆人面而鸟身。祠用毛①,用一吉玉,投而不糈。

[注释]①祠用毛:言用毛物祠神。

中 次 三 经

《中次三经》萯山之首①,曰敖岸之山②,其阳多㻌琈之玉,其阴多赭、黄金。神熏池居之。是常出美玉③。北望河林,其状如蒨如举④。有兽焉,其状如白鹿而四角,名曰夫诸,见则其邑大水。

[注释]①萯:音 bèi。 ②敖岸:或作"獻岸"。 ③美玉:或作"美石"。 ④蒨:草也。举:木也,举即榉柳。

又东十里,曰青要之山,实惟帝之密都①。是多驾鸟②,南望𬒈渚③,禹父之所化④,是多仆累、蒲卢⑤。䰠武罗司之⑥,其状人面而豹文,小要而白齿⑦,而穿耳以鐻⑧,其鸣如鸣玉。是山也,宜女子。畛水出焉,而北流注于河。其中有鸟焉,名曰鴢⑨,其状如凫,青身而朱目赤尾,食之宜子。有草焉,其状如葌,而方茎黄华赤实,基本如槀本,名曰荀草⑩,服之美人色。

[注释]①密都:曲密之邑。 ②驾鸟:不详。或曰,驾宜为䴇。䴇,鹅也。

音 jiā。　③埑:音 tián。渚:水中小洲曰渚。　④禹父:鲧也。　⑤仆累:蜗牛。蒲卢:蜃蛤之类动物。　⑥魋:神字之异体。　武罗:神名。　⑦要:通"腰"。　⑧镂:环属之金银饰器。　⑨鹞:音 yǎo。　⑩荀草:或曰"苍草"。

又东十里曰騩山①,其上有美枣,其阴有㻬琈之玉。正回之水出焉,而北流注于河。其中多飞鱼,其状如豚而赤文,服之不畏雷,可以御兵②。

[注释]①騩:音 wēi。　②御兵:《艺文类聚》卷2引《山海经》曰:"飞鱼如豚,赤文无羽,食之辟兵,不畏雷也。""辟兵"当与"御兵"义近。

又东四十里,曰宜苏之山,其上多金玉,其下多蔓居之木。滽滽之水出焉,而北流注于河,是多黄贝。

又东二十里,曰和山,其上无草木而多瑶碧,实惟河之九都①。是山也五曲,九水出焉,合而北流注于河,其中多苍玉。吉神泰逢司之②,其状如人而虎尾③,是好居于萯山之阳,出入有光。泰逢神动天地气也④。

[注释]①九都:九水所出,其潜处曰九都。　②吉神:善神。　③虎尾:或作"雀尾"。　④动天地气:郭璞注:"言其有灵爽能兴云雨也。"

凡萯山之首,自敖岸之山至于和山,凡五山,四百四十里。其祠泰逢、熏池、武罗皆一牡羊副①,婴用吉玉。其二神用一雄鸡瘗之,糈用稌。

[注释]①副:同疈,音 pǐ。《周礼·春官大宗伯》:"以疈辜祭四方百物。"疈辜,言磔牲体以祭也。

中次四经

《中次四经》厘山之首,曰鹿蹄之山,其上多玉,其下多金。甘水出焉,而北流注于洛,其中多泠石①。

[注释]①泠:郭璞注:"泠或作涂"。郝懿行云:"泠当为泞"。郭注"泠或作涂",涂亦借作泥涂字;泠又当为泞,泞训为泥,知泠、泞、涂形近义通。

西五十里,曰扶猪之山①,其上多礝石②。有兽焉,其状如貉而人目③,其名曰䴦④。虢水出焉,而北流注于洛,其中多瓀石⑤。

[注释]①扶猪:《玉篇》"琥"字引《山海经》作"状猪"。 ②礝石:《玉篇》"琥"字引《山海经》郭璞注"琥石"云:"白者如冰,半有赤色者。" ③貉:或作貗。 ④䴦:音 yín,字或作麇。 ⑤瓀:亦当作"琥"。

又西一百二十里,曰厘山,其阳多玉,其阴多蒐①。有兽焉,其状如牛,苍身,其音如婴儿,是食人,其名曰犀渠②。滽滽之水出焉,而南流注于伊水。有兽焉,名曰䣆③,其状如獳犬而有鳞④,其毛如彘鬣。

[注释]①蒐:茅蒐,即今之茜草。 ②犀渠:犀牛之属。古人以楯为犀渠,盖以犀渠之皮蒙楯,因名楯为犀渠也。 ③䣆:音 jié。《文选·江赋》"猰䣆睒瞯乎厱空",李善注引此经䣆作"獭"。 ④獳犬:李善《文选》注引作"獳"。

又西二百里,曰箕尾之山,多穀(谷)①,多涂石,其上多㻬琈之玉。

[注释]①榖(谷):一本作"榖",是。

又西二百五十里,曰柄山,其上多玉,其下多铜。滔雕之水出焉,而北流注于洛。其中多羬羊。有木焉,其状如樗,其叶如桐而荚实,其名曰茇①,可以毒鱼。

[注释]①茇:一作"艾"。

又西二百里,曰白边之山,其上多金玉,其下多青雄黄。

又西二百里,曰熊耳之山,其上多漆,其下多棕。浮濠之水出焉①,而西流注于洛②,其中多水玉③,多人鱼。有草焉,其状如苏而赤华,名曰葶苧④,可以毒鱼。

[注释]①浮濠:《后汉书·郡国志》"卢氏有熊耳山",刘昭注引此经作"浮豪"。 ②而西:刘昭注作"西北"。 ③水玉:刘照注引作"美玉"。 ④葶苧:音 tíng nìng、dīng níng 二音。

又西三百里,曰牡山①,其上多文石,其下多竹箭竹䉁,其兽多㸲牛、羬羊,鸟多赤鷩②。

[注释]①牡山:《藏经》本作"壮山";《尔雅·释鸟》"鷩雉"疏引此经作"牝山"。 ②鷩:音 bì,即鷩雉。

又西三百五十里,曰谨举之山。洛水出焉,而东北流注于玄扈之水,其中多马肠之物①。此二山者,洛间也②。

[注释]①马肠:肠、腹二字,经文常互通。《中次二经》之第 9 条,"有兽

焉,其名曰马腹",一本作"马肠";《大荒西经》"女娲之肠"一作"女娲之腹"。　②此二山者,洛间也:言此讙举、玄扈二山,夹洛水间也。然经文之第9条,本无"玄扈之山";而经文之第10条,则言"自鹿蹄之山至于玄扈之山",知经文第9条当有"玄扈之山"也。《水经·洛水注》言:"自鹿蹄之山以至玄扈之山,凡九山,玄扈亦山名也,而通与讙举,为九山之次焉。故《山海经》曰:'此二山者,洛间也。'是知玄扈之水,出于玄扈之山,盖山水兼受其目矣。"以此知本章当云:"又西三百五十里,曰讙举之山,通玄扈之山。讙举之山,洛水出焉;玄扈之山,玄扈之水出焉。洛水东北流注于玄扈之水,其中多马肠之物。此二山者,洛间也。"

凡厘山之首,自鹿蹄之山至于玄扈之山,凡九山,千六百七十里,其神状皆人面兽身。其祠之,毛用一白鸡,祈而不糈①,以采衣之②。

[注释]①祈:当作衅。《说文》:"衅,以血有所刉涂祭也。从血釁(几)声。"衅为祭礼之一。　②衣之:衣祭祀所用之鸡。

中 次 五 经

《中次五经》薄山之首,曰苟床之山①,无草木,多怪石。

[注释]①苟床之山:郭璞注:"或作苟林山。"(下文正作"苟林之山"。)《文选·江赋》"瑶珠怪石琗其表",李善注引此经亦作"苟林之山"。

东三百里,曰首山,其阴多榖柞,其草多䈀芫①,其阳多㻬琈之玉,木多槐。其阴有谷,曰机谷,多䴅鸟②,其状如枭而三目③,有耳,其音如录④,食之已垫⑤。

[注释]①茱、芫:皆药用植物。茱,山茱,有苍茱、白茱两种。芫,芫华。 ②狄:音 dì。 ③如枭:《玉篇》"狄"字:"鸟似鸟,三目,有耳,音如豕,食之亡热也。" ④如录:如录(鹿)之音。录、鹿音同,故假录代鹿表音。《玉篇》作"如豕"。 ⑤垫:无解。《玉篇》作"热",是。

又东三百里,曰县𰻞之山①,无草木,多文石。

[注释]①𰻞:音 zhuó,又音 zhù。

又东三百里,曰葱聋之山,无草木,多摩石①。

[注释]①摩:当为珤,《说文》:"珤,石之次玉者。"

东北五百里,曰条谷之山,其木多槐桐,其草多芍药、虋冬①。

[注释]①虋冬:虋当为"虋",音 mén,字俗写作"门"。门冬有二种,一曰麦门冬,一曰天门冬,均入药用。

又北十里,曰超山,其阴多苍玉,其阳有井,冬有水而夏竭。

又东五百里,曰成侯之山,其上多櫄木①,其草多芁②。

[注释]①櫄:《说文》:"杶,字或从熏作櫄"。杶、櫄即今之"椿"字,似樗树,其材可作车辕。 ②芁:原意为草盛,似非其义。郝懿行疑为"艽"字之讹。艽音 jiāo,即药草秦艽。

又东五百里,曰朝歌之山,谷多美垩。

又东五百里,曰隗山①,谷多金、锡。

[注释]①隗:毕沅本作"㟴",㟴当为桵,桵即稷字古文。

又东十里,曰历山,其木多槐,其阳多玉。

又东十里,曰尸山,多苍玉,其兽多麖①。尸水出焉,南流注于洛水,其中多美玉。

[注释]①麖:《说文》:"大鹿也,牛尾一角。"

又东十里,曰良余之山,其上多榖柞,无石。余水出于其阴,而北流注于河;乳水出于其阳,而东南流注于洛。

又东南十里,曰蛊尾之山①,多砺石、赤铜。龙余之水出焉,而东南流注于洛。

[注释]①蛊尾:《水经·洛水》:"洛水又东会于龙余之水。"注:"水出虫尾之山,东流入洛水。"知"蛊尾"或作"虫尾"。

又东北二十里,曰升山,其木多榖柞棘,其草多诸萯、蕙①,多寇脱②。黄酸之水出焉,而北流注于河,其中多璇玉③。

[注释]①蕙:香草。 ②寇脱:草名,生南方,高丈许,似荷叶而茎中有瓤,正白。零、桂之人植而日灌之以为树也。 ③璇:石之次于玉者。

又东二十里,曰阳虚之山,多金,临于玄扈之水。

凡薄山之首,自苟林之山至于阳虚之山,凡十六山①,二千九百八十二里。升山冢也,其祠礼:太牢,婴用吉玉。首山魃也,其祠用稌、黑牺、太牢之具、蘖酿②,干儛③,置鼓④;婴用一璧。尸水,合天也⑤,肥牲祠之;用一黑犬于上,用一雌鸡于下,刉一牝羊⑥,献血。婴用吉玉,采之⑦,飨之⑧。

[注释]①十六山:"薄山之首曰苟床(林)之山"。薄山、苟床(林)各表一山,则《中次五经》共"十六山"。 ②蘖酿:郭璞注:"以蘖作醴酒也。" ③干儛:郭璞注:"万儛。干,楯也。" ④置鼓:郭璞注:"击之以舞"。 ⑤合天:郭璞注:"天神之所凭也。" ⑥刉:字本作刽。刽,犹刲也。 ⑦采之:以缯彩饰牺牲。 ⑧飨之:劝享之。

中次六经

《中次六经》缟羝山之首,曰平逢之山,南望伊洛,东望谷城之山,无草木,无水,多沙石。有神焉,其状如人而二首,名曰骄虫①,是为螫虫②,实惟蜂蜜之庐③。其祠之:用一雄鸡,禳而勿杀④。

[注释]①骄虫:《太平御览》卷950引作"娇虫"。 ②是为螫虫:是为螫虫之长。 ③蜂蜜之庐:言蜂蜜所集之舍。 ④禳而勿杀:用雄鸡祭以去灾,祭而不杀牺牲之鸡也。

西十里,曰缟羝之山,无草木,多金玉。

又西十里,曰廆山①,多㻬琈之玉。其阴有谷焉,名曰雚谷,其木多柳楮。其中有鸟焉,状如山鸡而长尾,赤如丹火而青喙,名曰鸰䴆②,其鸣自呼,服之不眯。交觞之水出于其阳,而南流注于洛;俞随之水出于其阴,而北流注于谷水。

[注释]①庪:音 guī。　②鸰䴆:音 líng yāo。

又西三十里,曰瞻诸之山,其阳多金,其阴多文石。㵦水出焉①,而东南流注于洛;少水出其阴,而东流注于谷水。

[注释]①㵦:音 xiè。

又西三十里,曰娄涿之山,无草木,多金玉。瞻水出于其阳,而东流注于洛;陂水出于其阴,而北流注于谷水,其中多茈石、文石。

又西四十里,曰白石之山,惠水出于其阳,而南流注于洛,其中多水玉。涧水出于其阴,西北流注于谷水,其中多麋石、栌丹。

又西五十里,曰谷山,其上多谷,其下多桑。爽水出焉,而西北流注于谷水,其中多碧绿。

又西七十二里,曰密山,其阳多玉,其阴多铁。豪水出焉,而南流注于洛,其中多旋龟①,其状鸟首而鳖尾,其音如判木②。无草木。

[注释]①旋龟:见《南山经》杻阳之山。　②判木:破木之声。

又西百里,曰长石之山,无草木,多金玉。其西有谷焉,名曰共谷,多竹。共水出焉,西南流注于洛,其中多鸣石①。

[注释]①鸣石:磬石之类。《晋书·五行志》:"(惠帝)永康元年,襄阳郡上言得鸣石,撞之声闻七八里。"

又西一百四十里,曰傅山,无草木,多瑶碧。厌染之水出于其阳,而南流注于洛,其中多人鱼。其西有林焉。名曰墦冢①。谷水出焉,而东流注于洛,其中多珚玉②。

[注释]①墦:音fān。 ②珚玉:《水经·谷水注》引此经作"㺨玉";《太平御览》卷67引此经作"珚玉"。《玉篇》玉部"㺨,奇殒切,齐玉也。"知"珚玉"、"㺨玉"均为"㺨玉"之讹。

又西五十里,曰橐山,其木多樗①,多楠木②,其阳多金玉,其阴多铁,多萧③。橐水出焉,而北流注于河。其中多脩辟之鱼,状如鼃而白喙④,其音如鸱,食之已白癣。

[注释]①樗:当为"杼",《说文》"杼木出橐山",即此之谓。 ②楠木:蜀中有楠木,七八月中吐穗。穗成,如有盐粉着状,可以酢羹。楠音:bèi。 ③萧:《尔雅·释草》:"萧,荻。"郭璞注:"即蒿。" ④鼃:蛙属动物。

又西九十里,曰常烝之山,无草木,多垩,潐水出焉①,而东北流注于河,其中多苍玉。菑水出焉,而北流注于河。

[注释]①潐:音qiáo。

又西九十里,曰夸父之山,其木多棕楠,多竹箭,其兽多㸲牛、羬羊,其鸟多鷩①,其阳多玉,其阴多铁。其北有林焉,名曰桃林,是广员三百里②,其中多马③。湖水出焉,而北流注于河,其中多珚玉④。

[注释]①鷩:一本作"赤鷩"。 ②广员:《太平御览》卷158引此经作"广围"。 ③多马:《御览》158引"多马"下又有"造父于其中得骅骝骒耳之乘以献穆王"十六字,或系逸落之郭注羼入经文者。 ④珚玉:当为"瑌玉"之讹,说见前第10条[注②]。

又西九十里,曰阳华之山,其阳多金玉,其阴多青雄黄,其草多藷藇,多苦辛①,其状如楸②,其实如瓜,其味酸甘,食之已疟。杨水出焉,而西南流注于洛,其中多人鱼。门水出焉,而东北流注于河,其中多玄䃌③。缗姑之水出于其阴④,而东流注于门水,其上多铜。门水出于河⑤,七百九十里入洛水⑥。

[注释]①苦辛:一本作"苦莘"。 ②楸:即楸字。 ③玄䃌:黑砥石,生水中。 ④缗:音jí。 ⑤出,一本作"至"。 ⑥"门水出于河,七百九十里入洛水":当作"门水至于河,七百九十里入洛水",此语非经文,乃郭注羼入正文。

凡缟羝山之首,自平逢之山至于阳华之山,凡十四山,七百九十里。岳在其中①,以六月祭之②,如诸岳之祠法,则天下安宁。

[注释]①岳在其中:中岳不在此《中次六经》之中,而云"岳在其中"者,言洛阳居天下之中,王者以此地望祭四岳,以"岳"在天下之中矣! ②六月:岁之中矣。以岁之中望祭四岳,以"岳"在六月一岁之中矣!

中 次 七 经

《中次七经》苦山之首,曰休与之山①。其上有石焉,名曰帝台之棋②,五色而文,其状如鹑卵,帝台之石,所以祷百神者也③,服之不蛊。有草焉,其状如蓍④,赤叶而本丛生。名曰夙条,可以为簳⑤。

[注释]①与(與):或作"舆"。 ②帝台:神人名。 ③祷百神:祷祀百神。 ④蓍:音 shī,蓍草,一种用于占筮用的灵草,茎有棱,含有香味。 ⑤簳:音 gàn,箭杆。

东三百里,曰鼓钟之山,帝台之所以觞百神也①。有草焉,方茎而黄华,员叶而三成②,其名曰焉酸③,可以为毒④。其上多砺,其下多砥。

[注释]①觞:举觞燕会。 ②三成:其叶三重也。 ③焉酸:一本作"乌酸",《太平御览》卷42引此经亦作"乌酸"。 ④为:治也,治去之也。

又东二百里,曰姑媱之山①。帝女死焉,其名曰女尸,化为䔄草②,其叶胥成③,其华黄,其实如菟丘④,服之媚于人⑤。

[注释]①姑媱之山:或无"之山"二字。媱,音 yáo。 ②䔄:音 yáo。 ③胥成:言叶相重也。 ④菟丘:菟丝也。 ⑤媚于人:取媚于人。

又东二十里,曰苦山。有兽焉,名曰山膏,其状如逐①,赤若丹火,善詈②。其上有木焉,名曰黄棘,黄华而员叶,服之不字③。有草焉,员叶而无茎,赤华而不实④,名曰无条,服之不瘿。

[注释]①逐:应即豚字。原作遯,古文作遂,又省作"逐"字,当读作"豚"。 ②善詈:好骂人。此言猩猩也。 ③字:生小孩。 ④实:结果。

又东二十七里,曰堵山,神天愚居之,是多怪风雨。其上有木焉,名曰天楄①,方茎而葵状,服者不哩吁②。

[注释]①楄:音 biān。 ②不哩:食不噎也。

又东五十二里,曰放皋之山①。明水出焉。南流注于伊水,其中多苍玉。有木焉,其叶如槐,黄华而不实,其名曰蒙木,服之不惑。有兽焉,其状如蜂,枝尾而反舌,善呼,其名曰文文②。

[注释]①放:或作"效",又作"牧"。 ②文文:《太平御览》卷913引此经作"文"。

又东五十七里,曰大䓊之山①,多㻬琈之玉,多麋玉。有草焉,其状叶如榆②,方茎而苍伤③,其名曰牛伤④,其根苍文,服者不厥⑤,可以御兵。其阳狂水出焉,西南流注于伊水,其中多三足龟⑥,食者无大疾,可以已肿。

[注释]①䓊:《太平御览》卷931、《尔雅·释鱼》:"龟三足,贲。"注、疏引此经均作"苦",毕沅校本亦作"苦"。 ②其状叶如榆:王念孙、郝懿行校作"其叶状如榆",毕沅校作"其状如榆"。 ③苍伤:苍刺也。 ④牛伤:牛棘也。 ⑤厥:郭璞注:"厥,逆气病。" ⑥三足龟:《尔雅·释鱼》:"龟三足,贲。"

又东七十里,曰半石之山。其上有草焉,生而秀,其高丈余,赤叶赤华①,华而不实②。其名曰嘉荣,服之者不霆③。来需之水出于其阳,而西流注于伊水,其中多䱤鱼④,黑文,其状如鲋⑤,食者不睡⑥。合水出于其阴,而北流注于洛,多䲢鱼⑦,状如鳜⑧,居逵⑨,苍文赤尾,食者不痛,可以为瘘⑩。

[注释]①赤叶:《北堂书钞》卷152引作"大叶"。 ②华而不实:开花却不结果。此"嘉荣"初生后先作穗,后着叶,花生穗间,自开自落却不结穗成果(如今之玉米之类),故言华而不实。 ③不霆:《北堂书钞》卷152、《太平御览》卷13引作"不畏霆"。不畏霆,不畏霹雳也。 ④䱤:音lún。 ⑤鲋:鲫也,即今之鲫鱼。 ⑥食者不睡:《文选·江赋》"鳟、鲦、鳜、鲉、鲮、鳐、䱤、鲢,李善注引此经作"食之不睡",《太平御览》卷939作"食者不肿"。 ⑦䲢:音téng。 ⑧鳜:音guì,鳜鱼,大口大目细鳞,有斑彩。 ⑨居逵:《御览》卷939引作"居达";《文选·江赋》李善注引作:"鳜,其状如鳜,居逵切,苍文赤尾。"经文佚"切"字,致成"居逵苍文赤尾"。《御览》转抄经文,更误"居逵"为"居达"也。今案"鳜"字《唐韵》居卫切,《玉篇》居月切,《集韵》数声,其一(平声·六脂)即为居逵切,知"居逵"确为鳜之注音反切用字,而浅人不知,妄注"逵"字为"水中之穴道交通者"而续貂于郭璞注释"鳜鱼"之后,明矣。 ⑩为瘘:治疗瘘疮。为,治。《御览》卷939引作"已瘘"。

又东五十里,曰少室之山,百草木成囷①。其上有木焉,其名曰帝休,叶状如杨,其枝五衢②,黄华黑实③,服者不怒。其上多玉,其下多铁。休水出焉,而北流注于洛,其中多䱻鱼,状如盩蜼而长距④,足白而对⑤,食者无蛊疾,可以御兵。

[注释]①成囷:言草木屯聚如仓囷之形。 ②其枝五衢:言树枝交错,相

重五出,如衢路之形。　③黑实:《艺文类聚》卷 88 引此经作"黑叶"。
④盩:当为盠,音 zhōu。　⑤足白而对:盖言足趾相向也。

又东三十里,曰泰室之山。其上有木焉,叶状如梨而赤理,其名曰栯木①,服者不妒。有草焉,其状如苍②,白华黑实,泽如蘡薁③,其名曰䔄草,服之不昧④。上多美石⑤。

[注释]①栯:音 yù。　②苍:似葪。　③泽如蘡薁:言其籽滑泽如蘡薁。蘡薁,蔓生草本植物,细叶,实如小葡萄,盖即今之山葡萄也。　④不昧:当作"不眯",不厌梦也。　⑤美石:次于玉者。

又北三十里,曰讲山,其上多玉,多柘,多柏。有木焉,名曰帝屋,叶状如椒,反伤赤实①,可以御凶。

[注释]①反伤:刺下勾也。

又北三十里,曰婴梁之山,上多苍玉,锜于玄石①。

[注释]①锜于玄石:言苍玉依黑石而生也。锜,蹲。引申有依附之义。

又东三十里,曰浮戏之山。有木焉,叶状如樗而赤实,名曰亢木,食之不蛊①,氾水出焉②,而北流注于河。其东有谷,因名曰蛇谷③,上多少辛④。

[注释]①食之:一本作"食者"。　②氾:音 sì。　③因名曰蛇谷:言此中出蛇,故以为谷名。　④少辛:细辛也。

又东四十里,曰少陉之山。有草焉,名曰芮草①,叶状如葵,而赤茎白华,实如蘡薁,食之不愚②。器难之水出焉③,而北流注于役水④。

[注释]①芮:音 gāng。 ②不愚:郭璞注:"言益人智。" ③器:或作"䚞"。 ④役:一作"侵",王念孙校作"没"。

又东南十里,曰太山。有草焉,名曰梨,其叶状如荻而赤华①,可以已疽。太水出于其阳,而东南流注于役水②;承水出于其阴,而东北流注于役③。

[注释]①荻:郝懿行以为当是"萩"字之讹。萩,蒿也。 ②役:一本作"没"。 ③役:一本作"没"。

又东二十里,曰末山,上多赤金,末水出焉,北流注于役①。

[注释]①役:一本作"没"。

又东二十五里,曰役山,上多白金,多铁。役水出焉,北注于河。

又东三十五里,曰敏山。上有木焉,其状如荆,白华而赤实,名曰蓟柏①,服者不寒。其阳多㻬琈之玉。

[注释]①蓟:"蓟"俗字。

又东三十里,曰大騩之山,其阴多铁、美玉、青垩①,有草焉,其状如蓍而毛,青华而白实,其名曰蒗②,服之不夭③,可以为腹病④。

[注释]①青屋:《后汉书·郡国志》河南尹"密有大騩山",刘昭注引作"美屋"。 ②菔:《玉篇》草部一百六十二以为"菔,毒草";《广韵》下平唐韵以为"菔,毒药名"。经文此草"服之不夭",知其非毒草、毒药无疑,"菔"字误。《玉篇》草部一百六十二言"荍,草名,似蓍花青白";《广韵》上声很韵言"荍,似蓍花青白"。经言菔草服之不夭,知"菔"字为"荍"字之讹。荍,音 hěn。(说见郝懿行注) ③不夭:言尽其寿也。夭一作芺",芺、夭古今字。 ④为:治。一作"已"。病,一作"疾"。

凡苦山之首,自休与之山至于大騩之山,凡十有九山,千一百八十四里。其十六神者,皆豕身而人面。其祠:毛牷用一羊羞①,婴用一藻玉瘗②。苦山、少室、太室皆冢也,其祠之:太牢之具,婴以吉玉。其神状皆人面而三首。其余属皆豕身人面也。

[注释]①羊羞:以羊为所荐之羞(牺牲)。 ②藻玉:玉有五彩者。

中 次 八 经

《中次八经》荆山之首,曰景山,其上多金玉,其木多杼檀①。雎水出焉②,东南流注于江,其中多丹粟,多文鱼③。

[注释]①杼:音 zhù。 ②雎:音 jū。 ③文鱼:鱼有斑彩。

东北百里,曰荆山,其阴多铁,其阳多赤金,其中多犛牛①,多豹虎,其木多松柏,其草多竹,多橘櫾②。漳水出焉,而东南流注于雎,其中多黄金,多鲛鱼③,其兽多闾麋④。

[注释]①犛牛:旄牛之属。犛,音 lí,又音 lái。 ②櫾:柚字。 ③鲛鱼:即今之鲨鱼。 ④麇:王念孙、郝懿行并校作"麈"。麈,似鹿而大者也。

又东北百五十里,曰骄山,其上多玉,其下多青䨼,其木多松柏,多桃枝钩端。神鼍围处之①,其状如人,而羊角虎爪②,恒遊于雎漳之渊,出入有光。

[注释]①鼍:音 tuó。 ②其状如人,而羊角虎爪:原作"其状如人面羊角虎爪"。查《广韵》鼍字之释,曰"如人羊角虎爪",知其状不当"如人面","面"乃"而"字之讹,故正之。

又东北百二十里,曰女几之山,其上多玉,其下多黄金,其兽多豹虎,多闾麋麢𪊨①,其鸟多白鷮②,多翟,多鸩③。

[注释]①𪊨:似獐而大,狋毛,狗脚。音 jǐ。 ②鷮:似雉而长尾,走且鸣。音 jiāo。 ③鸩:毒鸟也,其大如鵰,长颈赤喙,食蝮蛇之头,体有毒。

又东北二百里,曰宜诸之山,其上多金玉,其下多青䨼。洈水出焉①,而南流注于漳,其中多白玉。

[注释]①洈:音 guǐ。

又东北二百里,曰纶山①,其木多梓楠,多桃枝,多柤栗橘櫾②,其兽多闾麈麢㚏③。

[注释]①纶:音 lún。 ②柤:音 zhā,似梨而酢濇。 ③㚏:音 chuò,似兔而鹿脚,青色。

又东二百里,曰陆鄽之山①,其上多㻬琈之玉,其下多垩,其木多杻檀。

[注释]①鄽:音 guì。

又东百三十里,曰光山,其上多碧,其下多木①。神计蒙处之,其状人身而龙首,恒游于漳渊,出入必有飘风暴雨。

[注释]①木:一本作"水"。郝懿行、王念孙均校作"水"。

又东百五十里,曰岐山,其阳多赤金,其阴多白珉①,其上多金玉,其下多青雘,其木多樗。神涉蠱处之,其状人身而方面三足。

[注释]①珉:音 mín,石似玉者。

又东百三十里,曰铜山,其上多金银铁,其木多榖柞柤栗橘櫾,其兽多犳①。

[注释]①犳:一本作"豹"。犳、豹非一物,各有不同。犳,音 zhuó,豹文之兽也。

又东北一百里,曰美山,其兽多兕牛,多闾麈,多豕鹿,其上多金,其下多青雘。

又东北百里,曰大尧之山,其木多松柏,多梓桑,多机,其草多竹,其兽多豹虎麢㚟。

又东北三百里,曰灵山,其上多金玉,其下多青䨼,其木多桃李梅杏。

又东北七十里,曰龙山,上多寓木①,其上多碧,其下多赤锡,其草多桃枝钩端。

[注释]①寓木:寄生也,一名宛童。

又东南五十里,曰衡山,上多寓木榖柞,多黄垩白垩。

又东南七十里,曰石山,其上多金,其下多青䨼,多寓木。

又南百二十里,曰若山①,其上多㻬琈之玉,多赭②,多邽石③,多寓木,多柘。

[注释]①若:或作"前"。　②赭:赤土。　③邽:字当作"封"。

又东南一百二十里,曰彘山,多美石,多柘。

又东南一百五十里,曰玉山,其上多金玉,其下多碧、铁,其木多柏①。

[注释]①柏:一作"楢"。

又东南七十里,曰讙山①,其木多檀,多邽石,多白锡。郁水出于其上,潜于其下,其中多砥砺。

[注释]①讙山:《太平御览》卷812引《山海经》说:"濩山多白锡。"讙、濩

形近易讹。

又东北百五十里,曰仁举之山,其木多榖柞,其阳多赤金,其阴多赭。

又东五十里,曰师每之山,其阳多砥砺,其阴多青䕙,其木多柏,多檀,多柘,其草多竹。

又东南二百里,曰琴鼓之山,其木多榖柞椒柘①,其上多白珉,其下多洗石,其兽多豕、鹿,多白犀,其鸟多鸩。

[注释]①椒:树名,小而丛生,下有草木则蛊死。

凡荆山之首,自景山至琴鼓之山,凡二十三山,二千八百九十里。其神状皆鸟身而人面。其祠:用一雄鸡祈瘗①,用一藻圭,糈用稌。骄山,冢也。其祠:用羞酒少牢祈瘗,婴毛一璧②。

[注释]①祈瘗:郭璞注:"祷请已薶之也。" ②婴毛:江绍原以为"婴用"之误。

中次九经

《中次九经》岷山之首,曰女几之山,其上多石涅,其木多杻橿。其草多菊荗。洛水出焉,东注于江,其中多雄黄,其兽多虎豹。

又东北三百里,曰岷山。江水出焉,东北流注于海,其中多良龟,多鼍①。其上多金玉,其下多白珉,其木多梅棠,其兽多犀象,多夔牛②,其鸟多翰鹜③。

[注释]①鼍:形似蜥蜴,大者长二丈,有鳞彩,皮可以蒙鼓面。 ②夔牛:产于四川山中的一种大牛,名曰夔牛,重达数千斤。 ③翰鹜:白翰赤鹜。

又东北一百四十里,曰崃山,江水出焉,东流注大江①,其阳多黄金,其阴多麋麈,其木多檀柘,其草多薤韭,多药空夺②。

[注释]①东流注大江:一本"注"下有"于"字。 ②药:白芷也。空夺:即寇脱。

又东一百五十里,曰崌山①,江水出焉,东流注于大江,其中多怪蛇,多䗚鱼②,其木多楢杻③,多梅梓,其兽多夔牛羬臭犀兕。有鸟焉,状如鸮而赤身白首,其名曰窃脂④,可以御火。

[注释]①崌:音 jū。 ②䗚:音 zhì。 ③楢:音 qiū,刚木也。 ④窃脂:《尔雅·释鸟》"窃脂"注:"俗谓之青雀,嘴曲食肉,好盗脂膏,因名云。"然此言"窃脂",其形体与经文"状如鸮而赤身白首"迥异,疑非一物。

又东三百里,曰高梁之山,其上多垩,其下多砥砺,其木多桃枝钩端。有草焉,状如葵而赤华,荚实白柎,可以走马。

又东四百里,曰蛇山,其上多黄金,其下多垩,其木多枸,多橡章,其草多嘉荣、少辛。有兽焉,其状如狐,而白尾长耳,名狙狼①,见则国内有兵②。

[注释]①狙:音 sì。 ②国内有兵:一作"国有内乱"。

又东五百里,曰鬲山,其阳多金,其阴多白珉。蒲鹕之水出焉①,而东流注于江,其中多白玉。其兽多犀象熊罴,多猨蜼②。

[注释]①鹕:音 hōng。 ②蜼:猨属动物,仰鼻歧尾,天雨则悬树其尾以塞鼻。

又东北三百里,曰隅阳之山,其上多金玉,其下多青䨼,其木多梓桑,其草多茈。徐之水出焉,东流注于江,其中多丹粟。

又东二百五十里,曰岐山,其上多白金,其下多铁,其木多梅梓①,多杻楢。减水出焉②,东南流注于江。

[注释]①梅:或作"蔽"。 ②减水:《后汉书·郡国志》右扶风"美阳有岐山",刘昭注引此经作"城水"。疑城、䃶形近易混,䃶又讹为减字。

又东三百里,曰勾㭾之山①,其上多玉,其下多黄金,其木多栎柘,其草多芍药。

[注释]①㭾:音 mǐ。

又东一百五十里,曰风雨之山,其上多白金,其下多石涅,其木多椒樿①,多杨。宣余之水出焉,东流注于江,其中多蛇②。其兽多闾麋,多麈豹虎③,其鸟多白鹝。

[注释]①椒:音 zōu。樿:音 shàn,木名,其木白理中栉。 ②蛇:水蛇。 ③多麈豹虎:疑"多麈"二字互乙,当为"麈多豹虎","麈"字上属,文作"其兽多闾麋麈,多豹虎"。

又东二百里,曰玉山,其阳多铜,其阴多赤金,其木多豫章楢杻,其兽多豕鹿麢臭,其鸟多鸩。

又东一百五十里,曰熊山。有穴焉,熊之穴,恒出入神人,夏启而冬闭。是穴也,冬启乃必有兵。其上多白玉,其下多白金,其木多樗柳,其草多寇脱。

又东一百四十里,曰騩山,其阳多美玉赤金,其阴多铁,其木多桃枝荆芭①。

[注释]①芭:盖"芭"字之讹,芭借为杞,荆芭应为"荆杞",《南次二经》云:"虖勺之山,其下多荆杞。"

又东二百里,曰葛山,其上多赤金,其下多瑊石。其木多柤栗橘櫾楢杻,其兽多麢臭,其草多嘉荣。

又东一百七十里,曰贾超之山,其阳多黄垩,其阴多美赭,其木多柤栗橘櫾,其中多龙脩①。

[注释]①龙脩:龙须,草名,似莞而细,生山石穴中,茎倒垂似龙须,可以为席,编草履。崔豹《古今注·问答释义》载:"世称黄帝炼丹于凿砚山,乃得仙,乘龙上天。群臣援龙须,须坠而生草,曰龙须。有之乎?答曰:无也。有龙须草,一名缙云草,故世人为之妄传。"龙须、龙脩,须、脩声近致转。

凡岷山之首,自女几山至于贾超之山,凡十六山,三千五百里。其神状皆马身而龙首。其祠:毛用一雄鸡瘗,糈用稌。文山①、勾㭷、风雨、骢之山②,是皆冢也。其祠之:羞酒③,少牢具,婴毛一吉玉④。熊山,席也⑤,其祠:羞酒,太牢具,婴毛一璧。干儛⑥,用兵以禳⑦;祈,璆冕舞⑧。

[注释]①文山:以上无"文山",盖即"岷山"。《史记》作"汶山",文、汶、岷古字通。 ②骢之山:骢山,"之"字衍文。 ③羞酒:先进酒以酹神。 ④婴毛:"毛"字衍文。 ⑤席:"帝"字之讹。 ⑥干儛:持盾而舞。 ⑦禳:祓除。 ⑧璆冕舞:求福祥则祭以璆玉(美玉),且冕服以舞。璆,音 qiú。

中次十经

《中次十经》之首,曰首阳之山,其上多金玉,无草木。

又西五十里,曰虎尾之山,其木多椒㰩,多封石①,其阳多赤金,其阴多铁。

[注释]①封石:《本草别录》云:"封石味甘,无毒,生常山及少室。"

又西南五十里,曰繁缋之山①,其木多楢杻,其草多枝勾②。

[注释]①缋:音 kuì。 ②枝勾:"桃枝勾端"之省称。

又西南二十里,曰勇石之山,无草木,多白金,多水。

又西二十里,曰复州之山,其木多檀,其阳多黄金。有鸟焉,其状如鸮,而一足彘尾①,其名曰跂踵②,见则其国大疫。

[注释]①彘尾:《太平御览》卷742引此经作"彘毛"。　②跂踵:《御览》卷742引作"企踵"。

又西三十里,曰楮山①,多寓木,多椒椐,多柘,多垩。

[注释]①楮山:一作"渚州之山"。

又西二十里,曰又原之山,其阳多青雘,其阴多铁,其鸟多鸜鹆。

[注释]①鸜鹆:即鸲鹆。鸜,音qú。

又西五十里,曰涿山,其木多榖柞杻,其阳多㻬琈之玉。

又西七十里,曰丙山,其木多梓檀,多弞杻①。

[注释]①弞:《方言》:"弞,长也;东齐曰弞。"郭璞注:"弞,古矧字。"

凡首阳山之首,自首山至于丙山①,凡九山,二百六十七里。其神状皆龙身而人面。其祠之:毛用一雄鸡瘗,糈用五种之糈。堵山,冢也,其祠之:少牢具,羞酒祠,婴毛一璧瘗②。骢山,帝也,其祠羞酒,太牢其③;合巫祝二人儛,婴一璧。

[注释]①首山:即首阳山。　②婴毛:"婴用"之讹。　③其:"具"字之讹。

中次一十一山经

《中次一十一山经》荆山之首①,曰翼望之山。湍水出焉②,东流注于济;贶水出焉③,东南流注于汉,其中多蛟④。其上多松柏,其下多漆梓,其阳多赤金,其阴多珉。

[**注释**]①山经:依例衍"山"字。 ②湍:音 zhuān。 ③贶:音 kuàng。 ④蛟:似蛇而四脚,小头细颈,颈有白瘿,大者十数围,卵如一二石瓮。能食人。

又东北一百五十里,曰朝歌之山,潕水出焉①,东南流注于荥,其中多人鱼。其上多梓楠,其兽多麢麋。有草焉,名曰莽草②,可以毒鱼。

[**注释**]①潕:音 wǔ。 ②莽草:即芒草。

又东南二百里,曰帝囷之山①,其阳多瑊珲之玉,其阴多铁。帝囷之水出于其上,潜于其下,多鸣蛇。

[**注释**]①囷:《广韵》上声九"麌"引此经"神囷"作"神箘",知经文"囷"、"箘"常互讹也。

又东南五十里,曰视山,其上多韭。有井焉,名曰天井,夏有水,冬竭。其上多桑,多美垩金玉。

又东南二百里,曰前山,其木多槠①,多柏,其阳多金,其阴多赭。

[注释]①楮:音 zhū,字或作櫧。木也,似柞子,可食,冬夏青。干作屋柱,不腐。

又东南三百里,曰丰山。有兽焉,其状如猨①,赤目,赤喙,黄身,名曰雍和,见则国有大恐。神耕父处之②,常遊清泠之渊,出入有光,见则其国为败。有九钟焉,是知霜鸣③。其上多金,其下多榖柞杻橿。

[注释]①猨:同猱,即猿字。 ②耕父:旱鬼。 ③知霜鸣:《北堂书钞》卷108引此经作"和气鸣",意为"九种"能应和节气而鸣。

又东北八百里,曰兔床之山,其阳多铁,其木多藷藇①,其草多鸡谷,其本如鸡卵,其味酸甘,食者利于人。

[注释]①藷藇:藷藇非木,疑为"楮芧"之讹,芧,小栗也。

又东六十里,曰皮山,多垩,多赭,其木多松柏。

又东六十里,曰瑶碧之山①,其木多梓楠,其阴多青䨼,其阳多白金。有鸟焉,其状如雉,恒食蜚②,名曰鸩。

[注释]①瑶碧:《艺文类聚》卷89引作"摇碧"。 ②蜚:音 fěi,负盘,即臭虫。

又东四十里,曰支离之山①。济水出焉②,南流注于汉。有鸟焉,其名曰婴勺,其状如鹊,赤目、赤喙、白身,其尾若勺③,其鸣自呼④。多牦牛,多羬羊。

[注释]①支离:王念孙等并校作"攻离"。 ②济水:王念孙等并校作"淯

水"。　③若勺：若酒勺形。　④鸣：吴宽抄本作"名"。

又东北五十里，曰袟筒之山①，其上多松柏机柏②。

[注释]①筒：音diāo。　②机柏：宋本作"机桓"，即无患子，可以浣衣去垢。

又西北一百里，曰堇理之山，其上多松柏，多美梓，其阴多丹雘，多金，其兽多豹虎。有鸟焉，其状如鹊，青身白喙，白目白尾，名曰青耕，可以御疫，其鸣自叫。

又东南三十里，曰依轱之山①，其上多杻橿，多苴。有兽焉，其状如犬，虎爪有甲，其名曰獜②，善駚䎄③，食者不风④。

[注释]①轱：音kū。　②獜：音lìn，言体有鳞甲。　③駚䎄：音yāng fèn，言跳跃自扑之状。　④不风：不畏风疾。

又东南三十五里，曰即谷之山，多美玉，多玄豹①，多闾麋，多麢臭。其阳多珉，其阴多青雘。

[注释]①玄豹：黑豹。

又东南四十里，曰鸡山，其上多美梓，多桑，其草多韭。

又东南五十里，曰高前之山①，其上有水焉，甚寒而清②，帝台之浆也③，饮之者不心痛。其上有金，其下有赭。

[注释]①前:《太平御览》卷59引此经作"箭"。 ②清:字或作"潜"。
③浆:《御览》卷59、《艺文类聚》卷8均作"浆水"。

又东南三十里,曰游戏之山,多杻檀榖,多玉,多封石。

又东南三十五里,曰从山,其上多松柏,其下多竹。从水出于其上,潜于其下,其中多三足鳖,枝尾①,食之无蛊疫②。

[注释]①枝尾:其尾歧出。 ②疫:疫为传染病,蛊非此"疫"。故疑其为"疾"字之讹,涉下文"其国大疫"而误也。

又东南三十里,曰婴硾之山①,其上多松柏,其下多梓櫄②。

[注释]①硾:音zhēn。 ②櫄:即杶字。

又东南三十里,曰毕山。帝苑之水出焉,东北流注于视①,其中多水玉,多蛟。其上多㻬琈之玉。

[注释]①据下文,"视"字当为"瀙"字之讹。

又东南二十里,曰乐马之山。有兽焉,其状如汇(彙)①,赤如丹火,其名曰狼②,见则其国大疫。

[注释]①汇(彙):猬鼠也。 ②狼:音lì。

又东南二十五里,曰葴山①,视水出焉②,东南流注于汝水,其中多人鱼,多蛟,多颉③。

[**注释**]①葴:音 jiān。 ②视:仍当作"溰"。 ③颉:郭璞注:"如青狗"。

又东四十里,曰婴山,其下多青䨼,其上多金玉。

又东三十里,曰虎首之山,多苴椆椐①。

[**注释**]①椆:音 diāo,一种耐寒的树木。《类篇》云:"椆寒而不凋。"

又东二十里,曰婴侯之山,其上多封石,其下多赤锡。

又东五十里,曰大孰之山。杀水出焉,东北流注于视水①,其中多白垩。

[**注释**]①视水:即"溰"。《水经·溰水注》:"溰水又东北,杀水出西南大孰之山,东北流,入于溰"。以此知视水即"溰"水。

又东四十里,曰卑山,其上多桃李苴梓,多累①。

[**注释**]①累:音 lěi,一名縢,今虎豆、貍豆之属。

又东三十里,曰倚帝之山,其上多玉,其下多金。有兽焉,状如䶅鼠①,白耳白喙,名曰狙如②,见则其国有大兵。

[**注释**]①䶅鼠:《尔雅·释兽》列"鼠"类十三种,其中有䶅鼠,其形未详。䶅,音 fèi。 ②狙:音 qū。

又东三十里,曰鲵山,鲵水出于其上,潜于其下,其中多美垩。其上多金,其下多青䨼。

又东三十里,曰雅山。澧水出焉,东流注于视水①,其中多大鱼。其上多美桑,其下多苴,多赤金。

[注释]①视水:仍当作"瀙水"。

又东五十五里①,曰宣山。沦水出焉,东南流注于视水②,其中多蛟。其上有桑焉,大五十尺③,其枝四衢④,其叶大尺余⑤,赤理黄华青柎⑥,名曰帝女之桑。

[注释]①五十五里:一本作"五十里"。 ②视水:仍当作"瀙水"。 ③尺:《太平御览》卷955引此经作"疋"。 ④其枝四衢:它的枝干四出。 ⑤尺余:《太平御览》卷955、《艺文类聚》卷88引此经均佚"余"字。 ⑥黄华:《御览》卷955引此经作"青叶",《艺文类聚》卷88引此经作"青华"。

又东四十五里,曰衡山,其上多青䨼,多桑,其鸟多鸜鹆。

又东四十里,曰丰山①,其上多封石,其木多桑,多羊桃②,状如桃而方茎,可以为皮张③。

[注释]①丰山:上文已有丰山,此山与之相连而重名。 ②羊桃:一名鬼桃。 ③为皮张:治疗皮肤肿起。

又东七十里,曰妪山,其上多美玉,其下多金,其草多鸡谷。

又东三十里,曰鲜山,其木多楢杻,其草多䖝冬,其阳多金,其阴多铁。有兽焉,其状如膜大①,赤喙、赤目、白尾,见则其邑有火②,名曰狋即③。

[注释]①膜大:郝懿行曰:"大当为犬字之混,《广韵》作犬可证。"郭注《穆天子传》云:"西膜,沙漠之乡,是则膜犬即西膜之犬。今其犬高大狋毛,猛悍多力也。" ②见则其邑有火:《广韵》上平五支云:"狋,兽名,似犬,尾白、目、喙赤,出则大兵。"此"狋"与"膜大"形同,其言"出则大兵"却与经文"其邑有火"不同。 ③狋:音 yí。

又东三十里,曰章山①,其阳多金,其阴多美石。皋水出焉,东流注于澧水,其中多脆石②。

[注释]①章山:或作"童山",字形之讹也。经文又云:"皋水出焉……"皋水应出"皋山",故疑"章"、"童"均为"皋"字之讹。 ②脆石:脆,俗写作"脆"。《说文解字》:"脆,小耎易断也。"此石小软易断,故名"脆石"。

又东二十五里,曰大支之山,其阳多金,其木多榖柞,无草木①。

[注释]①无草木,上言"其木多……"下言"无草"可也,不当有"木"字。宋本、毛扆本均作"无草",知"木"字衍。

又东五十里,曰区吴之山,其木多苴。

又东五十里,曰声匈之山,其木多榖,多玉,上多封石。

又东五十里,曰大騩之山,其阳多赤金,其阴多砥石。

又东十里,曰踵臼之山,无草木。

又东北七十里,曰历石之山①,其木多荆芑,其阳多黄金。其阴多砥石。有兽焉,其状如狸,而白首虎爪,名曰梁渠,见则其国有大兵。

[注释]①历(歷):字或作"磨"。

又东南一百里,曰求山,求水出于其上,潜于其下,中有美赭。其木多苴,多䉤①。其阳多金,其阴多铁。

[注释]①䉤:箖属,中箭也。

又东二百里,曰丑阳之山,其上多椆椐。有鸟焉,其状如乌而赤足,名曰䴅鵌①,可以御火。

[注释]①䴅鵌:音 zhǐ tú,一本作"䴅余"。

又东三百里,曰奥山,其上多柏杻橿,其阳多㻁琈之玉。奥水出焉,东流注于视水。

又东三十五里,曰服山,其木多苴,其上多封石,其下多赤锡。

又东百十里①,曰杳山,其上多嘉荣草,多金玉。

[注释]①百十里:有本作"三百里"。

又东三百五十里,曰几山,其木多楢檀杻,其草多香①。有兽焉,其状如彘,黄身、白头、白尾,名曰闻獜②,见则天下大风。

[注释]①香:香草之属。 ②獜:亦作"䚿",音líng。

凡荆山之首,自翼望之山至于几山,凡四十八山,三千七百三十二里。其神状皆彘身人首。其祠:毛用一雄鸡祈①,瘗用一珪,糈用五种之精②。禾山③,帝也,其祠:太牢之具,羞瘗,倒毛④;用一璧,牛无常⑤。堵山、玉山冢也⑥,皆倒祠⑦,羞毛少牢,婴毛吉玉⑧。

[注释]①祈:当为"盭"。 ②五种之精:五谷之精美者。案:《中次十经》之末云"糈用五种之糈",糈、精形近易讹,故据"五种之精"为"五种之糈"之讹。 ③禾山:《中次十一经》无"禾山",或云"帝囷山"之脱文,或系"求山"之误文。 ④倒毛:荐羞反倒牲薶之也。 ⑤无常:不必牺牷具也。 ⑥堵山、玉山:《中次十一经》亦无此二山。 ⑦倒祠:倒毛。 ⑧婴毛:疑为"婴用"之讹。

中次十二经

《中次十二经》洞庭山之首,曰篇遇之山①,无草木,多黄金。

[注释]①篇:字或作"肩"。

又东南五十里,曰云山,无草木。有桂竹,甚毒,伤人必死①,其上多黄金,其下多㻬琈之玉。

[注释]①"有桂竹,甚毒,伤人必死":《初学记》卷28"竹"引戴凯之《竹谱》曰:"竹之别类有六十一焉,有桂竹,甚毒,伤人必死……"学者抄之于经文之旁以为"桂竹"之释,浅人不查将其羼入经文。又同卷"梅"引经文"云山之上,其实干腊"。郭璞注:"腊,干梅也。"今经文全无,实已佚失,当补。

又东南一百三十里,曰龟山,其木多榖柞椆椐,其上多黄金,其下多青雄黄,多扶竹①。

[注释]①扶竹:郭璞注:"邛竹也,高节实中,中杖也。名之扶老竹。"

又东七十里,曰丙山,多筀竹①,多黄金铜铁,无木。

[注释]①筀竹,筀亦当作"桂",桂阳所生之竹,因名筀竹。

又东南五十里,曰风伯之山①,其上多金玉,其下多痠石、文石②,多铁,其木多柳杻檀楮。其东有林焉,名曰莽浮之林,多美木鸟兽。

[注释]①风伯:《初学记》卷28"柳"引此经作"凤伯"。风、凤古本一字。②痠石:其义不详。痠,音 suān。

又东一百五十里,曰夫夫之山,其上多黄金,其下多青雄黄,其木多桑楮,其草多竹、鸡鼓①。神于儿居之,其状人身而身操两蛇,常游于江渊,出入有光。

[注释]①鸡鼓:即上鸡谷草。鼓、谷声近而讹。

又东南一百二十里,曰洞庭之山,其上多黄金,其下多银铁,其木多柤梨橘櫾,其草多葌、蘪芜、芍药、芎藭①。帝之二女居之②,是常游于江渊。澧沅之风,交潇湘之渊,是在九江之间,出入必以飘风暴雨,是多怪神,状如人而载蛇③,左右手操蛇,多怪鸟。

[注释]①蘪芜:似蛇床而香也。 ②帝之二女:即尧之二女娥皇、女英也。 ③载:字通戴。

又东南一百八十里,曰暴山①,其木多棕楠荆芑竹箭䉋箘②,其上多黄金玉,其下多文石铁,其兽多麋鹿麢就③。

[注释]①暴山:《文选·鹡鸰赋》"彼鹫",李善注引《山海经》有"景山",疑此"景山"即"暴山"之讹。 ②箘:亦筼类植物。 ③麢:麃字别体。就:鹫也。

又东南二百里,曰即公之山①,其上多黄金,其下多琈㻬之玉,其木多柳杻檀桑。有兽焉,其状如龟,而白身赤首,名曰蛫②,是可以御火。

[注释]①即公之山:《史记·司马相如列传》"蜥胡毂蛫",《索隐》引此经作"即山"。 ②蛫:音guǐ。

又东南一百五十九里,曰尧山,其阴多黄垩,其阳多黄金,其木多荆芑柳檀,其草多诸芧茉。

又东南一百里,曰江浮之山,其上多银、砥砺,无草木,其兽多豕、鹿。

又东二百里①,曰真陵之山,其上多黄金,其下多玉,其木多榖柞柳杻,其草多荣草。

[注释]①又东:毕沅校"又东"下有"南"字。

又东南一百二十里,曰阳帝之山,多美铜,其木多橿杻檿楮①,其兽多麢麝。

[注释]①枮:音 yǎn,山桑也。

又南九十里,曰柴桑之山,其上多银,其下多碧,多泠石赭①,其木多柳芑楮桑,其兽多麋鹿,多白蛇、飞蛇②。

[注释]①泠石:当作"泠石"。 ②飞蛇:即螣蛇,能乘雾而飞者。

又东二百三十里①,曰荣余之山,其上多铜,其下多银,其木多柳芑,其虫多怪蛇怪虫②。

[注释]①又东:一本"又东"下有"南"字。 ②其虫:《海外南经》云:"南山人以虫为蛇。"

凡洞庭山之首,自篇遇之山至于荣余之山,凡十五山,二千八百里。其神状皆鸟身而龙首。其祠:毛用一雄鸡、一牝豚刉①,糈用稌。凡夫夫之山、即公之山,尧山、阳帝之山皆冢也,其祠:皆肆瘗②,祈用酒,毛用少牢,婴毛一吉玉③。洞庭、荣余山神也,其祠:皆肆瘗,祈酒太牢祠,婴用圭璧十五,五采惠之④。

[注释]①刉:割刺之名。 ②肆瘗:陈列牲、玉祭而薶之。肆,陈。 ③婴毛:乃"婴用"之讹。 ④惠:饰也。

右《中经》之山志,大凡百九十七山,二万一千三百七十一里。大凡天下名山五千三百七十①,居地,大凡六万四千五十六里。

[注释]①五千三百七十:《后汉书·郡国志》""司隶"叙录刘昭注引此经作"五千三百五十"。

禹曰：天下名山，经五千三百七十山①，六万四千五十六里，居地也。言其五臧②，盖其余小山甚众，不足记云。天地之东西二万八千里，南北二万六千里，出水之山者八千里③，受水者八千里，出铜之山四百六十七，出铁之山三千六百九十④。此天地之所分壤树谷也，戈矛之所发也，刀铩之所起也⑤，能者有余，拙者不足⑥。封于太山，禅于梁父，七十二家⑦，得失之数，皆在此内，是谓国用⑧。

[注释]①经：言禹所经之处。五千三百七十：《后汉书》刘昭注引作"五千三百五十。" ②臧：通藏。今作"脏"。 ③出水之山者：《管子·地数》、《后汉书》刘昭注均作"出水者"。 ④三千六百九十：《后汉书》刘昭注、《管子·地数》均作"三千六百九"。 ⑤刀铩：《管子·地数》作"刀币"。 ⑥能者有余，拙者不足：《后汉书》刘昭注引作"俭则有余，奢则不足"。 ⑦七十二家：《管子·地数》载桓公之言"封于泰山，禅于梁父"，其下"七十二家"之上，尚有"封禅之王"四字。 ⑧自"此天地之所分壤树谷……是谓国用"：此乃周人旧语，羼入《管子·地数》，浅人附之于《山经》之末，又与经文相混尔。

右《五臧山经》五篇，大凡一万五千五百三字①。

[注释]①一万五千五百三字：郝懿行云："今二万一千二百六十五字"。

海外南经

地之所载,六合之间①,四海之内,照之以日月,经之以星辰②,纪之以四时,要之以太岁③,神灵所生,其物异形,或夭或寿,唯圣人能通其道④。

[注释]①六合:上下四方,共为六合。 ②经:从面前经过。 ③要之以太岁:要,正也,以太岁所在,正天时也。太岁,一种想象的按规律运行的能正四时的"星辰"。以上从"地之所载……"至"……要之以太岁",系袭《淮南子·地形》之文,唯"地"字《淮南子》作"地形","四海"《淮南子》作"四极","照之"作"昭之"。 ④唯圣人能通其道:言自非穷理尽性者,则不能原极其情状。案:《列子·汤问篇》自"六合之间……"至"……能通此道",四十七字,全用此文。情状:一本作"情变"。

海外自西南陬至东南陬者①。

[注释]①海外自西南陬至东南陬者:《山海经》海外各经均有图有字,此文字盖为经中图画之说明。)陬,音 zōu,犹隅也。

结匈国在其西南①,其为人结匈②。

[注释]①结匈国:《淮南子·地形》有"结胸民",在自西南至东南方。其:

指代邻近结匈国之"灭蒙鸟"(在结匈国之北。) ②结匈:疑即今之所谓鸡胸者。

南山在其东南。自此山来,虫为蛇,蛇号为鱼。一曰南山在结匈东南。

比翼鸟在其东①,其为鸟青、赤,两鸟比翼。一曰在南山东。

[注释]①比翼鸟:盖即所谓"蛮蛮"也。

羽民国在其东南,其为人长头,身生羽①。一曰在比翼鸟东南,其为人长颊。

[注释]①身生羽:身生有羽毛,能飞不能远。卵生,画似仙人。

有神人二八①,连臂,为帝司夜于此野②。在羽民东。其为人小颊赤肩③。尽十六人④。

[注释]①二八:神人之名曰"二八"。二八为神人名,由下文"一曰在二八神东"可证。《淮南子·地形》云"有神二人,连臂,为帝候夜",即此神。惟"二八",讹做"二人"。 ②帝:天帝也。此指黄帝。司夜:此神昼隐夜现,专司祠夜之职,故为"司夜",亦即《淮南子》之"候夜"。 ③赤肩:郭璞注:"当髀上正赤也。"髀,一本作胛。肩在胛上,故郭注"髀上"作"胛上"为是。 ④尽十六人:此系后人释"二八"神之文,羼入经中耶。

毕方鸟在其东①,青水西,其为鸟人面一脚。一曰在二八神东。

[注释]①毕方:一种能引来火灾的鸟。

讙头国在其南①，其为人人面有翼，鸟喙，方捕鱼。一曰在毕方东。或曰讙朱国②。

[注释]①讙头：即讙兜、鹲兜、驩兜。郭璞云："讙兜，尧臣，有罪，自投南海而死。帝怜之，使其子居南海而祠之。画亦似仙人也。"《神异经·南荒经》："南方有人，人面鸟喙而有翼，手足扶翼而行，食海中鱼，有翼不足以飞，一名鹲兜。《书》曰：'放鹲兜于崇山。'一名驩兜。为人狠恶，不畏风雨禽兽，犯死乃休耳。"《博物志·外国》："驩兜国，其民尽似仙人。帝尧司徒驩兜民，常捕（鱼）海岛中，人面鸟〔口〕（喙），去南国万六千里。〔尽〕（画）似仙人也。"（案：尽、画二字繁体作盡、畫，形近易混也。） ②讙朱国：《淮南子·地形》有讙头国。讙头、驩兜、驩头、讙兜、驩朱、鹲吺、丹朱……皆一声之转，其名一也。

厌火国在其国南①，兽身黑色。生火出其口中②。一曰在讙朱东。

[注释]①厌：音 yàn，同饜，饱也，足也。火：《博物志·外国》引作"光"。其：此系衍字，当删。 ②生：《博物志》卷80、《艺文类聚》卷790、《太平御览》卷869所引均无"生"字，衍文当删。火：《博物志》作"光"。

三株树在厌火北①，生赤水上，其为树如柏，叶皆为珠②。一曰其为树若彗③。

[注释]①三株树：《初学记》卷27引此经作"三珠树"；《淮南子·地形》、《博物志·物产》均载有"三珠树"，云其在赤水之上。而《太平御览》卷954引此经仍作"三株树"，珠、株二字，不知孰是。 ②叶：《初学记》仍引作"叶"，《御览》卷954引作"叶实"，"叶"字上属，"实"字下属，读作"其为树如柏叶，实皆为珠"。 ③若彗：如彗星之状。

三苗国在赤水东①，其为人相随②。一曰三毛国③。

[注释]①三苗:即有苗。郭璞注:"昔尧以天下让舜,三苗之君非之,帝杀之。有苗之民,叛入南海,为三苗国。" ②相随:相随入南海。 ③三毛:即三苗,毛、苗声近字通。

载国在其东①,其为人黄,能操弓射蛇。一曰载国在三毛东②。

[注释]①载:音 zhì,亦音 tì。 ②载国:前言"载国",此处不当言"一曰载国"。《太平御览》卷790言"一曰盛国",作"盛国"是。盖"载"字本作"戠",《集韵》:"戠,盛也。"故"载国"一曰"盛国"。

贯匈国在其东①,其为人匈有窍。一曰在载国东。

[注释]①贯匈国:即《淮南子·地形》所说的"穿胸民"及后人所说的穿胸国。其人胸有窍,可使力民贯竹木抬之以行。

交胫国在其东,其为人交胫①。一曰在穿匈东。

[注释]①交胫:言脚胫曲戾相交。《淮南子·地形》有交股民,亦即此类。

不死民在其东,其为人黑色,寿①,不死。一曰在穿匈国东。

[注释]①寿:《太平御览》卷388、790引此经作"寿考"。

歧舌国在其东①。一曰在不死民东。

[注释]①歧舌国:其民舌皆歧,或云支舌也。郝懿行以为支、反形近易讹,此支舌国之民即《淮南子·地形》所说之反舌民。

昆仑虚在其东①，虚四方。一曰在歧舌东，为虚四方。

[注释]①虚：山下基也。

羿与凿齿战于寿华之野①，羿射杀之②。在昆仑虚东。羿持弓矢，凿齿持盾③。一曰戈④。

[注释]①羿：天神。古史中夏代有穷氏之后羿，与此非一人。凿齿：传说中亦人亦兽之怪物。寿华：《淮南子·本经》作"畴华"。 ②羿射杀之：后羿射杀了凿齿。《淮南子·本经》："逮至尧之时，十日并出，焦禾稼，杀草木，而民无所食。猰貐、凿齿、九婴、大风、封豨、修蛇，皆为民害。尧乃使羿诛凿齿于畴华之野，杀九婴于凶水之上，缴大风于青丘之泽，上射十日，而下杀猰貐，断修蛇于洞庭，禽封豨于桑林。万民皆喜，置尧以为天子。" ③持盾：《太平御览》卷357引此经作"凿齿持戟盾。" ④一曰戈：当云："一曰持戈。"

三首国在其东，其为人一身三首①。

[注释]①其为人一身三首：此句之下，各本尚有"一曰在凿齿东"六字，郝懿行本脱去之，当补。

周饶国在其东①，其为人短小，冠带。一曰焦侥国在三首东。

[注释]①周饶国：亦作"焦侥国"，其国之民身材短小，约有三尺，穴居，亦食五谷。盖即侏儒也。侏儒、周饶、焦侥……声转之也，实即俗所言小人国也。

长臂国在其东①，捕鱼水中，两手各操一鱼。一曰在焦侥东，捕鱼海中。

[注释]①长臂国：即《淮南子·地形》所谓之"修臂民"。

狄山,帝尧葬于阳①,帝喾葬于阴②。爰有熊、罴、文虎、蜼、豹、离朱、视肉③;吁咽、文王皆葬其所④。一曰汤山。一曰爰有熊、罴、文虎、蜼、豹、离朱、鸱久、视肉、虖交⑤。其范林方三百里⑥。

[**注释**]①帝尧葬于阳:《吕氏春秋·安死》:"尧葬于谷林。"高诱注:"通林以为树也。《传》曰:'尧葬成阳',此云谷林,成阳山下有谷林。"盖葬于成阳山,后世讹为"葬于阳"。　②帝喾葬于阴:郭璞注:"喾,尧父,号高辛,今冢在顿丘县城南台阴野中。"冢在"阴野中",故后世讹做"葬于阴"。　③文虎:彫虎也。蜼:狖猴之类。离朱:疑为日中之三足乌。视肉:即聚肉,一种能不断割取、割后复生的食用动物。　④吁咽:疑为"舜"字之析音。　⑤鸱久:鸱鹠之属的禽鸟。虖交:所指未详。　⑥其:"有"字之讹。《海内北经》18 云:"昆仑虚南所,有氾林方三百里。"　范林:即"氾林",言林木氾滥布衍也。

南方祝融①,兽身人面,乘两龙。

[**注释**]①祝融:火神也。南方为炎方,故火神祝融居于南方。

海外西经

海外自西南陬至西北陬者。

灭蒙鸟在结匈国北①,为鸟青,赤尾。

[注释]①灭蒙鸟:产于结胸国。《博物志·外国》:"结胸国有灭蒙鸟。"

大运山高三百仞,在灭蒙鸟北。

大乐之野,夏后启于此儛九代①,乘两龙,云盖三层②。左手操翳③,右手操环④,佩玉璜⑤。在大运山北。一曰大遗之野。

[注释]①九代:乐名,九代之乐,疑"九韶"也。 ②三层:三重也。 ③翳:翿也,所以舞也。 ④环:璧也,肉好若一谓之环。 ⑤璜:半璧曰璜。

三身国在夏后启北,一首而三身。

一臂国在其北①,一臂一目一鼻孔。有黄马虎文,一目而一手②。

[**注释**]①一臂国:国民均为半体之人,一目、一鼻孔、一臂、一足。②手:马臂也。

奇肱之国在其北①,其人一臂三目,有阴有阳②,乘文马③。有鸟焉,两头,赤黄色,在其旁④。

[**注释**]①奇:音 jī。肱:或作"弘"。 ②有阴有阳:三目之中。一为阴目,一为阳目。 ③文马:即吉良,乘之寿千岁。 ④在其旁:有鸟在其旁。

形天与帝至此争神①,帝断其首,葬之常羊之山。乃以乳为目,以脐为口②,操干戚以舞③。

[**注释**]①形天:旧作"刑天",误;当作"刑天"。《说文》:"天,颠也。"段注:"颠者人之顶也。"人之顶即人首,形天被"帝断其首",因名"刑天",宜也。至此:《太平御览》卷371、555、574、887所引此经,均无"至此"二字,该二字衍,当删。 ②脐:《御览》卷371、574、887引均作"齐",齐、脐古今字通用。 ③干戚:干,盾;戚,斧。

女祭、女戚在其北①,居两水间,戚操鱼䱉②,祭操俎③。

[**注释**]①女戚:《大荒西经》云:"有荒寒之国,有二人女祭、女薎。"郭璞注:"或持觯,或持俎。"经文、注文之义与本经文之义吻合,故知本经文之"女戚",乃"女薎"之讹。殷墟甲骨卜辞中,祭、伐均为祭名,故知二女神一名祭,一名薎(伐)。祭、戚不是同一词类,不能一为祭、一为戚。 ②鱼䱉,郭注:"䱉,鱼属。"然《西经》注作"或持觯,或持俎。"知本经不当言"鱼鲜",应言"觯"。此言"鱼鲜",乃"角䱉"之讹,《说文解字》曰:"䱉,小觯也。"䱉为小觯,正合《西经》注"或持觯"之意。 ③俎:肉几。

䳐鸟、䳜鸟①,其色青黄,所经国亡。在女祭北。䳐鸟人面,居山上。一曰维鸟,青鸟、黄鸟所集②。

[注释]①鸾:音 cì。鹯:音 zhān。 ②青鸟、黄鸟所集:《大荒西经》云:"有玄丹之山,有五色之鸟,人面有发。爰有青鸾、黄鹜,青鸟、黄鸟,其所集者其国亡。"

丈夫国在维鸟北,其为人衣冠带剑。

女丑之尸,生而十日炙杀之。在丈夫北。以右手障其面①。十日居上,女丑居山之上。

[注释]①障:蔽。《大荒西经》:"有人衣青,以袂蔽面,名曰女丑之尸。"

巫咸国在女丑北,右手操青蛇,左手操赤蛇。在登葆山,群巫所从上下也。

并封在巫咸东①,其状如彘,前后皆有首,黑。

[注释]①并封:《大荒西经》云:"有兽,左右有首,名曰屏蓬。"《周书·王会篇》云:"区阳以鳖封。鳖封者若彘,前后有首。"是并封、屏蓬、鳖封皆声之转耳,实一物也。

女子国在巫咸北,两女子居,水周之①。一曰居一门中②。

[注释]①水周之:《太平御览》卷 790 引此经作"水外周之"。 ②居一门中:犹言两女子居一门中。

轩辕之国①,在此穷山之际②,其不寿者八百岁。在女子国北。人面蛇身,尾交首上。

[注释]①轩辕之国:《大荒西经》云:"有轩辕之国,江山之南栖为吉,不寿者乃八百寿。"与此略同。　②在此穷山之际:《博物志·外国》、《太平御览》卷790、《文选·思玄赋》"超轩辕于西海兮",李善注、《史记·五帝本纪》"集解",均引作"在穷山……"无"此"字,知"此"字衍,当删。郭璞注:"其国在山南边也。"

穷山①在其北,不敢西射,畏轩辕之丘②。在轩辕国北。其丘方,四蛇相绕③。

[注释]①穷山:《楚辞·天问》"阻穷西征"之穷,即此"穷山"。　②畏轩辕之丘:畏黄帝之威灵。　③四蛇相绕:盖护卫此丘也。

此诸夭之野①,鸾鸟自歌,凤鸟自舞。凤皇卵,民食之;甘露,民饮之。所欲自从也②。百兽相与群居③。在四蛇北,其人两手操卵食之,两鸟居前导之。

[注释]①诸夭之野:《艺文类聚》卷99引作"清沃之野"《博物志·外国》作"渚沃之野"。知"夭"字当作"沃"。　②自从:自择。　③群居:和平相处,互不侵害。

龙鱼陵居在其北①,状如狸②。一曰鰕③。即有神圣乘此以行九野④。一曰鳖鱼在夭野北⑤,其为鱼也如鲤。

[注释]①龙鱼:《文选·江赋》"若乃龙鲤一角奇鸧",李善注引此经作"龙鲤",《文选·思玄赋》"跨汪氏之龙鱼",李善注引此经仍作"龙鱼"。《淮南子·地形》作"磍鱼",说:"磍鱼在其南",高诱注:"磍鱼,如鲤鱼也,有神圣者乘行九野,在无继民之南。磍,读如蚌(bàng)也。"　②狸:郭璞注:"或曰,龙鱼似狸,一角。"案:"狸"字乃"鲤"字之讹,经文及郭注皆误。《文选·思玄赋》李

善注曰:"龙鱼陵居在北,状如鲤";《文选·江赋》李善注曰:"龙鲤陵居,其状如鲤,或曰:龙鱼,一角也。"龙鱼、龙鲤既属鱼类,当以其状如鲤为是,不能其状如狸(兽类)也。　③鰕:《尔雅·释鱼》:"鲵大者谓之鰕。"鲵,人鱼,俗谓之娃娃鱼。　④九野:九域之野。　⑤夭野:沃野。

白民之国在龙鱼北①,白身被发②。有乘黄③,其状如狐,其背上有角,乘之寿二千岁④。

[注释]①白民之国:《淮南子·地形》有"白民",高诱注:"白民,白身民,被发,发亦白。"《大荒西经》亦言:"有大泽之长山,有白民(氏)之国。"　②白身:郭璞注:"言其人体洞白。"　③乘黄:飞黄也,亦作訾黄。是一种神马。郭璞注:"《周书》曰,'白民乘黄,似狐,背上有两角',即飞黄也。《淮南子》曰,'天下有道,飞黄伏皂。'"(今本《淮南子·览冥》作"黄帝治天下……青龙进驾,飞黄伏皂。")今查《逸周书·王会》作"白民乘黄,乘黄者似狐(一本作骐),其背有两角。"《初学记》卷29"马":"腾黄者,神马也,其色黄。一名乘黄,亦曰飞黄,或作古黄,或曰翠黄,一名紫黄,其状如狐,背上有两角,出白民之国,乘之寿可三千岁。"《博物志·外国》:"白民国,有乘黄,状如狐,背上有角,乘之寿三千岁。"《汉书·礼乐志》"訾黄其何不徕下",注:"应劭曰,訾黄一名乘黄,龙翼而马身,黄帝乘之而仙。武帝意欲得之,曰,何不来邪"。　④二千岁:《初学记》、《博物志》引作"三千岁"。

肃慎之国在白民北。有树名曰雄常①,先入伐帝,于此取之②。

[注释]①雄常:雄字郭璞注"或作雒";雄常,《淮南子·地形》作"雒棠",云:"雒棠、武人在西北陬。"《淮南子》雒棠为地名,与经丈雄常为木名不同,自是二事。　②先入伐帝,于此取之:《太平御览》卷784作"先人代帝,于此取依";《太平御览》卷961作"圣人代立,于此取衣"。郭璞曰:"其俗无衣,圣帝代立,则此木皮可衣也。"郭璞此注与经文之意吻合,故以《太平御览》卷961之言改经文"先入伐帝,于此取之"为"圣人代立,于此取衣"。

长股之国在雄常北①,被发。一曰长脚。

[注释]①长股之国:即《大荒西经》所载之"长胫之国";《淮南子·地形》所载之"修股民"。

西方蓐收①,左耳有蛇,乘两龙。

[注释]①蓐收:刑戮之神。《国语·晋语》描写他:"人面、白毛、虎爪,执钺……"郭璞注《山海经》:"金神也;人面、虎爪、白毛,执钺。"《礼记·月令》以为他是秋季之神。

海外北经

海外自东北陬至西北陬者。

无𦞂之国①在长股东,为人无𦞂。

[注释]①𦞂:《广雅·释亲》:"腓、𦞂、腨也。"《一切经音义》"两䏶":"《说文》:'腨,腓肠也。'腓音肥,江南言腓肠,中国言腨肠,或言脚腨肠。"郭璞注:"𦞂,肥肠也(盖即'腓肠')。其人穴居,食土,无男女,死即薶之,其心不朽,死百廿岁乃复更生。"《博物志·异人》云:"无𦞂民,居穴食土,无男女。死埋之,其心不朽,百年还化为人。细民,其肝不朽,百年而化为人。皆穴居处,二国同类也。"《酉阳杂俎·境异》:"无𦞂民,居穴食土,其人死,其心不朽,埋之百年,化为人。录民,膝不朽,埋之,百二十年化为人。细民,肝不朽,埋之八年化为人。"《淮南子·地形》有"无继民",高诱注:"无继民,其人盖无嗣也,北方之国也。"按:《山海经》之"无𦞂",即《博物志》、《酉阳杂俎》之"无𦞂",《淮南》之"无继",𦞂、𦞂、继一声之转耳。其国皆无子嗣,故曰无继,或即无𦞂。

钟山之神,名曰烛阴①,视为昼,瞑为夜,吹为冬,呼为夏,不饮,不食,不息,息为风②。身长千里③。在无𦞂之东。其为物,人面,蛇身,赤色,居钟山下④。

[注释]①烛阴:《艺文类聚》卷96引此经作"烛龙"。《大荒北经》云:"西

北海之外,赤水之北,有章尾山。有神,人面蛇身而赤,直目正乘,其瞑乃晦,其视乃明,不食不寝不息,风雨是谒,是烛九阴,是谓烛龙。" ②息为风:《太平御览》卷27引此经作"息则为风。"息,气息也。 ③千里:《艺文类聚》卷96引此经作"三千里"。 ④居钟山下:《淮南子·地形》曰:"烛龙在雁门北,蔽于委羽之山,不见日,其神人面龙身而无足。"

一目国在其东①,一目中其面而居②。一曰有手足③。

[注释]①一目国:《淮南子·地形》有"一目民"。 ②一目中其面而居:《淮南子·地形》"一目民",高诱注:"目在面中央。"《大荒北经》云:"有人一目,当面中生"。 ③有手足:三字语焉不详,下文云"为人一手一足",疑为"有一手一足"之讹。

柔利国在一目东,为人一手一足,反膝①,曲足居上②。一云留利之国③,人足反折④。

[注释]①反膝:膝盖、关节与常人相反。 ②曲足居上:脚手反卷曲而向上。 ③留利:与柔利一声之转。 ④反折:反卷似折。

共工之臣曰相柳氏①,九首,以食于九山②。相柳之所抵③,厥为泽溪④。禹杀相柳,其血腥⑤,不可以树五谷种⑥。禹厥之,三仞三沮⑦,乃以为众帝之台⑧。在昆仑之北,柔利之东。相柳者,九首人面,蛇身而青。不敢北射,畏共工之台。台在其东。台四方,隅有一蛇,虎色⑨,首冲南方⑩。

[注释]①共工:传说中的天神。相柳氏:即相繇。《大荒北经》云:"共工之臣名曰相繇,九首蛇身,自环,食于九土。其所歍所尼,即为源泽,不辛乃苦,百兽莫能处。禹湮洪水,杀相繇,其血腥臭,不可生谷,其地多水,不可居

也。禹湮之,三仞三沮,乃以为池,群帝因是以为台。在昆仑之北。" ②以食于九山:相柳九首,首各食一山之物,言其贪暴难餍也。 ③抵:触也。 ④泽溪:《太平御览》卷647引此经作"溪泽"。 ⑤血腥:《御览》卷647引作"血脉"。 ⑥五谷种:《御览》卷647作"榮"。榮字与"馨"同。 ⑦三仞三沮:三次深挖三次填塞。意为挖去含有血污之旧土,填上不沾血腥之新土。仞,度深曰仞。 ⑧众帝:帝尧、帝喾等。 ⑨虎色:虎文也。 ⑩冲:向也。

深目国在其东,为人举一手一目①,在共工台东。

[注释]①一目:或作"一曰",连下读。

无肠之国在深目东①,其为人长而无肠②。

[注释]①东:一作"南"。 ②长而无肠:郭璞注:"为人长大,腹内无肠,所食之物直通过。"

聂耳之国在无肠国东①,使两文虎②,为人两手聂其耳③。县居海水中④,及水所出入奇物⑤。两虎在其东⑥。

[注释]①聂耳之国:《大荒北经》云:"有儋耳之国,任姓,禺号子,食谷。"盖此儋耳之国,即聂耳之国。《淮南子·地形》无"聂耳国",有"夸父耽耳在其北方",盖耽耳即儋耳也。 ②文虎:雕虎。 ③聂其耳:耳特长大,故以两手聂持之,以便行动。 ④县:通悬。 ⑤及:尽取,尽有。 ⑥两虎:前所言"两文虎"也。

夸父与日逐走①,入日②。渴欲得饮,饮于河、渭,河、渭不足,北饮大泽。未至,道渴而死③。弃其杖④,化为邓林。

[注释]①夸父:古之大人也。《大荒北经》云:"大荒之中,有山,名曰成都

载天。有人珥两黄蛇,把两黄蛇,名曰夸父。后土生信,信生夸父。夸父不量力,欲追日景,逮之于禺谷。将饮河而不足也,将走大泽,未至,死于此。"逐走:《文选·西京赋》"嘉卉灌丛蔚若邓林",李善注、《文选·鹦鹉赋》"思邓林之扶疏",李善注、《文选·七命》"夸父为之投策",李善注、《太平御览》卷710、887、《北堂书钞》卷133、144 各本所引此经,均作"竞走"。《初学记》卷1、《御览》卷3引此经作"逐日"。《文选·咏怀》"乘云翔邓林",李善注引此经作"竞逐"。　②入日:一本作"日入"。　③道渴而死:《北堂书钞》卷133引此经作"道走死"。　④弃其杖:《列子·汤问篇》"弃其杖"下有"尸膏肉所浸"五字。

博父国在聂耳东①,其为人大,右手操青蛇,左手操黄蛇。邓林在其东,二树木②。一曰博父。

[注释]①博父国:当即夸父国。博,大也,与"夸"义同。本经作"博父国……一曰博父",前"博父"意即"夸父";如不为"夸父",则后文"一曰博父"岂非前后重言。　②二树木:言此树木十分长大,二树木即为邓林,此树木之大可见一斑。

禹所积石之山,在其东,河水所入。

拘缨之国在其东①,一手把缨②。一曰利缨之国③。

[注释]①拘缨之国:《淮南子·地形》有"句婴民",即此国之人。高诱注:"句婴,读为九婴。"　②一手把缨,缨字通瘿。瘿生于项上,行走不便,须以手拘之而行,故曰"一手把缨(瘿)"。　③利:疑为"抲"字之讹。

寻木长千里①,在拘缨南,生河上西北②。

[注释]①寻木长千里:长千里之寻木,即姑繇大木。《穆天子传》卷6:"天子乃钓于河,以观姑繇之木。"郭璞注:"姑繇,大木也。《山海经》云,寻木

长千里,生海边。谓此木类。"《太平御览》卷 834 引改"海"作"河","类"上有"之"字。姑繇之木即榣木,《西次三经》"槐江之山……其阴多榣木之有若"。字亦作㮣,《说文解字》:"㮣,昆仑河隅之长木也。" ②河上西北:《穆天子传》郭璞注作"海边",《御览》卷 834 引《穆天子传》文,郭注作"河边"。

跂踵国在拘缨东①,其为人大,两足亦大②。一曰大踵③。

[注释]①跂踵:《淮南子·地形》有"跂踵民",高诱注:"跂踵民,踵不至地,以五指行也。"此跂踵之原解也。然《文选·曲水诗序》"离身反踵之君",李善注引高诱《淮南子》注曰:"反踵,国名,其人南行,跡北向也。"查《淮南》一书,有跂踵民,无反踵民。知"跂踵"应作"支踵",原作"反踵",支、反形近易讹,讹做"支踵"(肢踵)也。反踵之义,为其人南行而足跡北向。后人不知支、反之讹,又杜撰"跂踵"之训,以为《淮南子》之释,迂矣。 ②其为人大,两足亦大:《太平御览》卷 372 作"其为两足皆大",卷 790 作"其人两足皆大",知此句当作"其为人两足皆大"。然"大"、"支"形近,该作"其为人两足皆支"。支、反互讹,应为"其为人两足皆反"。 ③大踵:应作"反踵",大、支、反形近而讹。

欧丝之野在大踵东①,一女子跪据树欧丝②。

[注释]①欧丝:郭璞注:"言噉桑而吐丝,盖蚕类也。" ②跪:古人坐、跪一姿,跪即坐也。

三桑无枝①,在欧丝东,其木长百仞,无枝。

[注释]① 三桑无枝:《北次二经》云:"至于洹山,其上多金玉,三桑生之,其树皆无枝,其高百仞。"

范林方三百里①,在三桑东,洲环其下②。

[**注释**]①范林:即汎林,范、汎二字古通。《太平御览》卷 57 引顾恺之《启蒙记》曰:"汎林鼓于浪巅。"注:"西北海有汎林,或方三百里,或方百里,皆生海中浮土上,树根随浪鼓动。"案,此林生于海中浮土上,树根随浪鼓动,因名汎林。 ②洲:水中可居之地。

务隅之山①,帝颛顼葬于阳②,九嫔葬于阴③。一曰爰有熊、罴、文虎、离朱、鸱久、视肉④。

[**注释**]①务隅:即《海内东经》之"鲋鱼"、《大荒北经》之"附禺"。鲋鱼、附禺、务隅……均一声之转。 ②颛顼:号为高阳,传说中的古帝王。 ③九嫔:众妇官。 ④鸱久:一本作"鸥久"。

平丘在三桑东。爰有遗玉、青鸟、视肉、杨柳、甘柤、甘华①,百果所生②。有两山夹上谷③,二大丘居中,名曰平丘。

[**注释**]①遗玉:即璺。《说文解字》:"璺,遗玉也。"青鸟:一本作"青马"。杨柳:《淮南子·地形》作"杨桃"。甘柤:《淮南子·地形》作"甘樝"。甘柤,其树枝干皆赤,黄华、白叶、黑实。甘华:亦赤枝干、黄叶。 ②百果所生:《齐民要术》卷 10 引此经作"百果所在"。 ③有两山:一本作"在两山"。

北海内有兽,其状如马,名曰騊駼①。有兽焉,其名曰駮,状如白马,锯牙,食虎豹。有素兽焉,状如马,名曰蛩蛩②。有青兽焉,状如虎,名曰罗罗。

[**注释**]①騊駼:音 táo tú。 ②蛩:音 qióng。

北方禺强①,人面鸟身,珥两青蛇。践两青蛇。

[**注释**]①禺强:一曰禺京。京字古读如江,与强字音近易讹。

海外东经

海外自东南陬至东北陬者。

䃔丘①,爰有遗玉、青马、视肉、杨柳、甘柤、甘华,百果所生。在东海,两山夹丘,上有树木。一曰嗟丘,一曰百果所在,在尧葬东②。

[注释]①䃔:音 jue,字或作发(髪)。 ②尧葬:帝尧葬身之地。按《海外南经》之说,在"狄山"。

大人国在其北,为人大,坐而削船①。一曰在䃔丘北。

[注释]①削船:削当读如稍,削船谓操船,掌舟也。

奢比之尸在其北①,兽身、人面、大耳,珥两青蛇。一曰肝榆之尸在大人北。

[注释]①奢比之尸:神名。

君子国在其北,衣冠带剑①,食兽,使二大虎在旁②,

其人好让不争③。有薰华草④,朝生夕死。一曰在肝榆之尸北。

[注释]①衣冠带剑:这是华夏民族公认的君子装束,与披发左衽之俗相对。前者为君子之风,后者乃蛮夷之俗。 ②大虎:《后汉书·东夷传》"至有君子不死之国焉"注、《淮南子·地形》"东方有君子之国"注均作"文虎",文大形近致讹。旁:一本作"左右"。 ③好让不争:《博物志·外国》:"君子国,人衣冠带剑,使两虎,民衣野丝,好礼让,不争。土千里,多薰华之草,民多疾风气,故人不悉息。好让,故为君子国。"《艺文类聚》卷21引此经作:"君子国民,衣冠带剑,土方千里,多薰华之草,好让,故为君子国。" ④薰华草,薰字一作"堇"堇即《尔雅》之"椴"。《释草》言:"椴,木槿。"字又写作"蕣"。薰、堇、槿、椴、蕣……一声之转耳。《吕氏春秋·仲夏纪》:"木堇荣",高诱注:"木堇,"朝荣暮落,是月荣华,可用作蒸,杂家谓之朝生。一名蕣,《诗》云"颜如蕣华"是也。

虹虹在其北①,各有两首②。一曰在君子国北。

[注释]①虹:即"虹"字之别体。 ②各有两首:《诗·鄘风·蝃蝀》"蝃蝀在东,莫之敢指",疏引郭氏《音义》云:"虹双出。色鲜盛者为雄,雄曰虹;暗者为雌,雌曰蜺。"《太平御览》卷14引《春秋元命苞》说:"阴阳交为虹蜺。"虹蜺为阴阳相交之结果,阴阳者二气,故《淮南子·说山》曰:"天二气则成虹。"高诱注:"阴阳相干,二气也。"虹蜺二物,为阴阳相干所形成,故其"各有两首"。

朝阳之谷,神曰天吴,是为水伯。在虹虹北两水间。其为兽也,八首人面,八足八尾,皆青黄①。

[注释]①皆青黄:《文选·游赤石进帆海》"天吴静不发",李善注引此经作"背黄青"。

青丘国在其北①，**其狐四足九尾。一曰在朝阳北。**

[注释]①青丘国：郭璞注："其人食五谷，衣丝帛。"按《太平御览》卷790引："《山海经》曰：青丘国其人食五谷，衣丝帛。其狐九尾。"人以为郭璞所言，是经文被后人误为注文；余以为经不误，是《御览》把注文误当作了经文。

帝命竖亥步①，**自东极至于西极**②，**五亿十选九千八百步**③。**竖亥右手把算，左手指青丘北**④。**一曰禹令竖亥。一曰五亿十万九千八百步。**

[注释]①竖亥：郭璞注："竖亥健行人。"《广韵》云："坚侅，神人。"《吴越春秋·越王无余外传》、《玉海》作"孺亥"。 ②东极……西极：地之东端、西端。极，端也，与后世南极、北极之"极"概念不同。 ③选：万也。五亿十选九千八百步：《艺文类聚》卷6、《初学记》卷5引此经均作"五亿十万九千八百八步。"《太平御览》卷750引作"五亿千选九千八百八十步。" ④右手把算，左手指青丘北：《御览》卷36、《类聚》卷6引此经"右"作"左"，"左"作"右"。

黑齿国在其北①，**为人黑**②，**食稻啖蛇，一赤一青**③，**在其旁。一曰：在竖亥北，为人黑首**④，**食稻使蛇，其一蛇赤。**

[注释]①黑齿国：郭璞注："《东夷传》曰：倭国东四十余里，有裸国，裸国东南有黑齿国，船行一年可至也。《异物志》云：西屠染齿，亦以放此人。"此注数字有误，裸国、黑齿既在倭国之东"四十余里"，则船行瞬息可至，何言"一年可至"也？查《三国志·魏志·东夷传》曰："女王国东渡海千余里，复有国皆倭种。又有侏儒国在其南，人长三四尺，去女王四千余里。又有裸国、黑齿国，复在其东南，船行一年可至。"郭引《东夷传》，皆本于此，知所谓"四十余里"，乃"四千余里"之讹。郭引《异物志》，可见于《文选·吴都赋》"西屠儋耳黑齿之酋"，刘渊林注："西屠以草染齿，染白作黑。" ②为人黑：《太平御览》卷368引此经作"黑齿国为人黑齿。"知经文佚"齿"字，当作"为人黑齿"。 ③一青：一作"一青蛇"。 ④黑首：或为"黑手"之讹。

下有汤谷①,汤谷上有扶桑②,十日所浴③,在黑齿北。居水中,有大木,九日居下枝,一日居上枝。

[注释]①汤谷:亦即旸谷、阳谷,日出之处也。《淮南子·天文》:"日出于旸谷,浴于咸池。" ②扶桑:神木也。《文选·思玄赋》"夕余宿乎扶桑",李善注引《十洲记》曰:"扶桑,叶似桑,树长数千丈,大二千围,两两同根,更相依倚,是以名之扶桑。" ③十日:远古传说中,天上原有十日。

雨师妾在其北,其为人黑,两手各操一蛇,左耳有青蛇,右耳有赤蛇。一曰在十日北,为人黑身人面,各操一龟。

玄股之国在其北①。其为人衣鱼食躯②,使两鸟夹之③。一曰在雨师妾北。

[注释]①玄股:郭璞注:"髀以下尽黑,故云。" ②衣鱼:以鱼皮为衣。躯:同鸥,水鸟。 ③使两鸟夹之:《淮南子·地形》"玄股民"高诱注:"玄股民,其股黑,两鸟夹之,见《山海经》也。"

毛民之国在其北①,为人身生毛②。一曰在玄股北。

[注释]①毛民:《淮南子·地形》"毛民",高诱注:"其人体半生毛,若矢镞也。" ②为人身生毛:郭璞注:"今去临海郡东南二千里,有毛民在大海洲岛上,为人短小,面体尽有毛如猪能(熊),穴居,无衣服。晋永嘉四年,吴郡司盐都尉戴逢在海边得一船,上有男女四人,状皆如此。言语不通,送诣丞相府,未至,道死,唯有一人在。上赐之妇,生子,出入市井,渐晓人语,自说其所在是毛民也。《大荒(北)经》云'毛民食黍'者是矣。"

劳民国在其北①,其为人黑②。或曰教民③。一曰在毛民北,为人面目手足尽黑④。

[注释]①劳民:《淮南子·地形》"劳民"高诱注:"正理躁扰不定也。"②其为人黑:郭璞注:"食果草实也,有一鸟两头。"(人以为此注本系经文而误羼入注语) ③教民:即劳民。劳、教声近易讹。 ④为人面目手足尽黑:郝懿行曰:"今鱼皮岛夷之东北有劳国,疑即此。其人与鱼皮夷面目手足皆黑色也。"

东方句芒①,鸟身人面,乘两龙。

[注释]①句芒:东方之神。春为东方,句芒为春季之神。《吕氏春秋》"孟春"、"仲春"、"季春",三春均为"其神句芒",高诱注:"句芒,少皞氏之裔子曰重,佐木(东方木)德之帝,死为木官之神。"

海内南经

海内东南陬以西者。

瓯居海中①。闽在海中,其西北有山。一曰闽中山在海中。

[注释]①瓯居海中:郭璞注:"今临海永宁县,即东瓯,在岐海中也,音呕。"《太平御览》卷71引作"瓯在海中"。

三天子鄣山在闽西海北①。一曰在海中。

[注释]①三天子鄣山:郭璞注:"今在新安歙县东,今谓之三王山,浙江出其边也。张氏《土地记》曰:东阳永康县南四里有石城山,上有小石城,云黄帝曾游此,即三天子都也。"

桂林八树①,在番隅东②。

[注释]①桂林:桂国之林。古代有桂国,《逸周书·王会篇》载《伊尹四方令》:"正南瓯、邓、桂国……"郭璞注"桂林八树":"八树而成林,信(一本作"言")其大也。" ②番隅:今番禺,又作"贲禺",《后汉书·郡国志》"悉禺"刘昭注:"《山海经》注,桂林八树,在贲禺东。"《水经·浪水注》:"浪水东别迳番

禺,《山海经》谓之贲禺者也。"《文选·遊天台山赋》"八桂森挺以凌霜",李善注:"《山海经》曰,桂林八树在贲隅东。郭璞曰:八树成林,言其大也。贲禺音番禺。"按,今本《山海经》郭璞注"贲禺音番禺"作"番隅今番禺县。"《文选·上林赋》"经乎桂林之中",李善注、《文选·四愁诗》"我所思兮在桂林",李善注、《初学记》卷8所引经文"番隅"均作"番禺"。

伯虑国、离耳国、雕题国、北朐国皆在郁水南①。郁水出湘陵南海②。一曰相虑③。

[注释]①伯虑国:郭璞注:"未详。"《逸周书·王会篇》载《伊尹四方令》说:"正东符娄、仇州、伊虑……"疑"伊虑"即"伯虑"。离耳国,郭璞注:"锼离其耳,分令下垂以为饰,即儋耳也。在朱崖海渚中,不食五谷,但噉蚌及诸芋也。" 雕题国:郭璞注:"点(一本作黥)涅其面,画体为鳞采,即鲛人也。"朐:音gú。雕题国、北朐国皆在郁水南:《文选·四子讲德论》"枭瞷剪发黥首文身裸袒之国",李善注引《山海经》曰:"雕题国在郁林南",知"郁水"或作"郁林"。 ②南海:一本作"南山"。 ③相虑:一作柏虑。

枭阳国在北朐之西①,其为人人面长唇②,黑身有毛,反踵,见人笑亦笑③,左手操管④。

[注释]①枭阳:《淮南子·氾论》:"山出枭阳",高诱注:"枭阳,山精也。人形,长大,面黑色,身有毛,足反踵,见人而笑。"《说文》"覮"字条下:"周成王时,州靡国献覮覮,人身反踵,自笑,笑即上唇弇其目,食人。北方谓之土蝼。《尔雅》曰:覮覮如人,被发,读若费,一名枭阳。"《汉书·扬雄传》《文选·羽猎赋》枭阳作"嗥羊",《文选·吴都赋》、《尔雅·释兽》"狒狒郭注均作'枭羊',《楚辞·哀时命》作'枭杨'"。枭阳、嗥羊、枭羊、枭杨……一也,嗥、枭字之繁简,阳、羊、杨声之相近耳。 ②其为人:《尔雅》"狒狒"郭注引此经作"其狀如人"。 ③见人笑亦笑:《尔雅》"狒狒"郭注引此经作"见人则笑"。 ④左手操管:其义不详。

兕在舜葬东,湘水南。其状如牛,苍黑,一角①。

[注释]①一角:《南次三经》云:"祷过之山……其下多犀兕",高诱注:"兕亦似水牛,青色,一角,重二千斤。"

苍梧之山,帝舜葬于阳,帝丹朱葬于阴①。

[注释]①丹朱:帝尧之子。

氾林方三百里①,在狌狌东②。

[注释]①氾林:言林木氾滥布衍也。亦作"范林"。 ②狌狌:或作猩猩。

狌狌知人名①,其为兽如豕而人面②,在舜葬西。

[注释]①知人名:知人名之为狌狌也。 ②人面:郭璞注:"《周书(王会)》曰,郑郭狌狌者,状如黄狗而人面,头如雄鸡,食之不眯。今交州封溪出狌狌,土俗人说云,状如豚,而后似狗,声如小儿啼也。"按,今本《周书·王会》作"都郭生生……若黄狗,人面,能言。"

狌狌西北有犀牛,其状如牛而黑。

夏后启之臣曰孟涂①,是司神于巴②,人请讼于孟涂之所③,其衣有血者乃执之,是请生④。居山上⑤,在丹山西。丹山在丹阳南,丹阳居属也⑥。

[注释]①孟涂:《水经·江水注》引此经作"血涂",《太平御览》卷 639 引作"孟徐"。 ②是司神于巴:以巴之神为神主,使其听讼断狱。 ③人请讼于……:《水经·江水注》引作"巴人讼于",多"巴"字,少"请"字。"巴人讼于孟涂之所",郭璞注:"令巴之神断之也。" ④是请生:郭璞注:"言好生也。" ⑤居山上:言巴之神主居山上。 ⑥居属也:《水经·江水注》引作"属巴(丹

山)"，无"居"字，"巴"误作"也"。

窫窳龙首①，居弱水中②，在狌狌知人名之西③，其状如龙首④，食人。

［注释］①窫窳：音 yà yǔ，郭璞注："窫窳，本蛇身人面，为贰负臣所杀，复化而成此物也。" ②弱水：浮力极差，连鸿毛也不能浮起的河流。 ③知人名：三字疑衍。 ④其状如龙首：当作"其首状如龙"。

有木，其状如牛①，引之有皮②，若缨、黄蛇③。其叶如罗④，其实如栾⑤，其木若芑⑥，其名曰建木⑦。在窫窳西弱水上。

［注释］①其状如牛：木之状有如车、如马、如龙、如蛇，亦有如牛者。 ②引之有皮：此木剥而引之有皮焉。 ③若缨、黄蛇：此木之皮，剥引之若璎珞、若黄蛇焉。 ④罗：其叶如网罗。 ⑤栾：栾华也，子大如豌豆，黑圆坚实，谓之木栾子。 ⑥芑：刺榆也。 ⑦建木：一种百仞无枝，其下无声、其立无影的树木。

氐人国在建木西①，其为人人面而鱼身②，无足。

［注释］①氐人国：疑当作"互人国"，氐、互二字形近易讹也。《大荒西经》有"互人之国"，郭璞注："人面鱼身"，与此"氐人国"之民形象全同，故疑其为一国而名称两讹。 ②人面鱼身：郭璞注："盖胸以上人，胸以下鱼也。"

巴蛇食象①，三岁而出其骨，君子服之，无心腹之疾②。其为蛇青黄赤黑③。一曰黑蛇青首，在犀牛西。

［注释］①巴蛇：一种能吞食大象的巨蛇。《说文解字》："巴，虫也，或曰食象它。" ②心腹之疾：心痛、腹痛之疾。 ③青黄赤黑：言其文采斑斓也。

旄马①,其状如马,四节有毛。在巴蛇西北,高山南。

[注释]①旄马:即豪马、髦马。郭璞注:"《穆天子传》所谓毫马者,亦有髦牛。"按《穆天子传》卷4云:"天子之豪马、豪牛……"郭璞注:"豪犹髦也。《山海经》云,髦毛如马,足四节,皆有毛。"知豪马即旄马,亦即髦马。

匈奴、开题之国、列人之国①并在西北②。

[注释]①匈奴:尧时曰荤粥,周时曰猃狁,秦曰匈奴。按,荤粥、猃狁、匈奴,一声之转。题:额也。　②并在西北:并在旄马国之西北。

海内西经

海内西南陬以北者。

贰负之臣曰危①,危与贰负杀窫窳。帝乃梏之疏属之山②,桎其右足③,反缚两手与发④,系之山上木⑤。在开题西北。

[注释]①贰负:古天神,人面蛇身。《海内北经》云:"贰负神在其(鬼国)东,为物人面蛇身。" ②帝:《文选·七命》"钻屈嫛之瓠解疏属之拘",李善注引此经作"黄帝"。梏:系缚。 ③桎:械,足械。 ④反缚两手与发:郭璞注:"并发合缚之也。"按,《文选·七命》李善注引此经作"及缚两手",《文选·吴都赋》"亦犹帝之悬解而与夫桎梏疏属也",刘渊林注引此经作"反缚两手",刘歆《上山海经表》引,亦曰"反缚两手",无"与发"二字,知二字衍。郭璞注"并发合缚之也",《太平御览》卷50引此经之郭注作"约发合缚之也"。按,约发,束发之谓也。"合"字与"而"字形近,合乃"而"字之讹,故郭注"约发合缚",当是"束发而缚"之谓。 ⑤系之山上木:《北堂书钞》卷45作"系之山木之上"。

大泽方百里①,群鸟所生及所解②。在雁门北。

[注释]①大泽:经文"大泽"有二:一方百里,一方千里。《穆天子传》卷4"至于西北大旷原",郭璞注:"按《山海经》云,群鸟所集泽有两处,一方百里,

一方千里,即此大旷原也。"《海内北经》"舜妻登比氏生宵明、烛光,处河大泽,二女之灵能照此所方百里。"此《海内西经》又云"大泽方百里",《文选·别赋》"辽水无极雁山参云",李善注引《海内西经》曰:"大泽方百里,鸟所生在雁山,雁出其间。"另有《大荒北经》:"有大泽方千里,群鸟所解。" ②群鸟所生及所解:百鸟于此产卵孵雏,更羽脱毛。

雁门山,雁出其间①。在高柳北。

[注释]①雁出其间:一说当作"雁出其门",如此则"雁门"之名产生也。

高柳在代北①。

[注释]①代北:《水经·湿水注》引此经作"代中"。

后稷之葬①,山水环之②。在氐国西③。

[注释]①后稷:周人之先祖。 ②山水环之:郭璞注:"在广都之野"。《海内经》云:"西南黑水之间,有广都之野,后稷葬焉。" ③氐国:即氐人国。

流黄酆氏之国①,中方三百里②,有涂四方,中有山③。在后稷葬西。

[注释]①流黄酆氏:《海内经》云:"有国名曰流黄辛氏,其域中方三百里。" ②中方三百里:据《海内经》,当言"其域中方三百里"。郭璞注:"'言国城内',据《海内经》,当云'言国域内'。" ③山:即《海内经》所云"巴遂山"。

流沙出钟山①,西行又南行昆仑之虚,西南入海黑水之山。

[注释]①流沙:《楚辞·招魂》:"西方之害,流沙千里。"王逸注:"流沙,沙流而行也。"

东胡在大泽东①。

[注释]①东胡:《广韵》"慕"字下曰:"《前燕录》云:昔高辛氏游于海滨,留少子厌越以居北夷,邑于紫蒙之野,号曰东胡。"

夷人在东胡东。

貊国在汉水东北①,地近于燕,灭之。

[注释]①貊国:郭璞注,"今扶余国即濊貊故地,在长城北,去玄菟千里,出名马、赤玉、貂皮,大珠如酸枣也。"

孟鸟在貊国东北①,其鸟文赤、黄、青,东乡②。

[注释]①孟鸟:《海外西经》:"灭蒙鸟在结匈国北,为鸟青,赤尾。"疑即此鸟。 ②黄:一本无"黄"字。

海内昆仑之虚,在西北,帝之下都①。昆仑之虚,方八百里,高万仞。上有木禾②,长五寻,大五围,面有九井③,以玉为槛④。面有九门⑤,门有开明兽守之,百神之所在⑥。在八隅之岩⑦,赤水之际,非仁羿莫能上冈之岩⑧。

[注释]①帝之下都:《西次三经》"帝之下都"郭璞注:"天帝都邑之在下者也。" ②木禾:谷类。《穆天子传》卷4:"黑水之阿,爰有野麦,爰有荅堇,西膜之所谓木禾。" ③面:《初学记》卷7引此经作"上"。 ④槛:栏。 ⑤面有九门:《史记·司马相如列传》"西望昆仑之轧沕洸忽兮",《正义》引此经作"旁有五门";《太平御览》卷38引此经作"面有五门"。 ⑥百神之所在:《水经·河水注》引《遁甲开山图》荣氏注曰:"天下仙圣治在柱州昆仑山上。" ⑦在八隅之岩:在昆仑八隅岩穴之间。 ⑧非仁羿莫能上冈之岩:言非仁人以及才艺如羿者不能登此山冈之巉岩。

赤水出东南隅,以行其东北①。

[注释]①东北:宋本"东北"下有"西南流注南海厌火东"九字。

河水出东北隅,以行其北,西南又入渤海,又出海外,即西而北,入禹所导积石山①。

[注释]①禹所导积石山:郭璞注:"禹治水复决疏出之,故云导河积石。"《西次三经》:"又西三百里,曰积石之山,其下有石门,河水冒以西流。"所云"积石山",即此"积石之山"也。

洋水、黑水出西北隅①,以东,东行,又东北。南入海,羽民南。

[注释]①洋水:洋音 xiáng,亦写作漾、养(漾)。《淮南子·地形》:"洋水出其西北陬,入于南海羽民之南。"高诱注:"洋水经陇西氐道,东至武都为汉阳(阳字衍),或作养(应为'漾')水也。"《水经·漾水注》引阚骃云:"汉或为漾,漾水出昆仑西北隅,至氐道,重源显发而为漾水。"是洋水即漾水,字之省"永"作"羊",宜也。《禹贡》云:"嶓冢导漾,东流为汉。"即此漾水。黑水:《禹贡》:"黑水西河惟雍州","导黑水至于三危。"

弱水、青水出西南隅,以东,又北,又西南,过毕方鸟东。

昆仑南渊深三百仞,开明兽身大类虎而九首,皆人面,东响立昆仑上①。

[注释]①响:向。

开明西有凤凰、鸾鸟,皆戴蛇践蛇,膺有赤蛇。

开明北有视肉、珠树、文玉树、玗琪树、不死树①。凤凰、鸾鸟皆戴瞂②。又有离朱、木禾、柏树、甘水、圣木曼兑③,一曰挺木牙交④。

[注释]①珠树:《淮南子·地形》:"掘昆仑虚以下地,中有增城九重……珠树、玉树、璇树、不死树在其西。" 文玉树:郭璞注:"五彩玉树。"玗琪:赤玉属也。不死树:长生树也。 ②瞂:音fá,盾也。 ③离朱:木名。 甘水:郭璞注:"即醴泉也。"圣木曼兑:圣木名曼兑也。圣木,食之令人智圣之木。 ④挺木牙交:其义不详。

开明东有巫彭、巫抵、巫阳、巫履、巫凡、巫相①,夹窫窳之尸,皆操不死之药以距之②。窫窳者,蛇身人面,贰负臣所杀也。

[注释]①巫彭、巫抵、巫阳、巫履、巫凡、巫相:皆神巫也。 ②皆操不死之药以距之:言众巫皆操药以距死气,求更生也。

服常树,其上有三头人①,伺琅玕树②。

[注释]①三头人:《海外南经》:"三首国在其(昆仑虚)东,其为人一身三首。" ②伺琅玕树:郭璞注:"琅玕子似珠,《尔雅(释地)》曰,西北之美者,有昆仑之琅玕焉。庄周曰,有人三头,递卧递起,以伺琅玕与玗琪子,谓此人也。"

开明南有树鸟,六首①;蛟、蝮、蛇、蜼、豹、鸟秩树②,于表池树木③,诵鸟、鶽、视肉④。

[注释]①六首:《大荒西经》云:"有青鸟,身黄,赤足,六首,名曰䴅鸟。"按䴅鸟即树鸟。 ②蛟:郭璞注:"蛟似蛇,四脚,龙类也。"蝮:《楚辞·招魂》"蝮蛇蓁蓁",王逸注:"蝮,大蛇也。" ③表池树木:郭璞注:"言列树以表池,即华池也。" ④诵鸟:鸟名。鶽:雕也。

海内北经

海内西北陬以东者。

蛇巫之山,上有人操柸而东向立①。一曰龟山。

[注释]①柸:一本作杯,乃字之讹误。字又作棓,《玉篇》曰:"棓同棒,杖也。"《太平御览》卷357引"服虔《通俗文》曰:大杖曰棓。"

西王母梯几而戴胜杖①,其南有三青鸟②,为西王母取食③。在昆仑虚北。

[注释]①梯:凭也。戴胜杖:《汉书·司马相如传·大人赋》"亦幸有三足乌为之使",如淳注以及《太平御览》卷710引此经均无"杖"字;《西次三经》、《大荒西经》载"西王母"言其戴胜亦无缀"杖"字。知"杖"字衍,当删。 ②三青鸟:《大荒西经》曰:"有三青鸟,赤首黑目,一名曰大鹜,一名少鹜,一名曰青鸟。" ③为西王母取食:郭璞注:"又有三足乌主给使。"按,郭注"三足乌",一本作"三足乌"。《史记·司马相如列传·大人赋》"吾乃今目睹西王母……亦幸有三足乌为之使",《玉函山房辑佚书》辑《河图括地象》曰:"有三足神乌,为西王母取食。"则郭注"三足鸟",当为"三足乌"也。

有人曰大行伯,把戈。其东有犬封国①。贰负之尸在大行伯东。

[注释]①犬封：即狗封。郭璞注："昔盘瓠杀戎王，高辛以美女妻之，不可以训，乃浮之会稽东（一本作'东南'）海中，得三百里地封之，生男为狗，女为美人，是为狗封之国（一本作'民'）也。"

犬封国曰犬戎国①，状如犬。有一女子，方跪进杯食②。有文马③，缟身朱鬣④，目若黄金，名曰吉量⑤，乘之寿千岁⑥。

[注释]①犬封国曰犬戎国：封、戎音近一声之转，故犬封得为犬戎。②进杯食：郭璞注："与酒食也。" ③文马：即驳。《说文》："驳，马，赤鬣缟身，目若黄金，名曰鸡，吉皇之乘。周文王时，犬戎献之。" ④缟身：身白如缟。 ⑤吉量：一作"吉良"。《文选·东京赋》"犹泽马与腾黄"，李善注引此经作"吉良"。 ⑥乘之寿千岁：郭璞注："《周书》曰，犬戎文马，赤鬣白身，目若黄金，名曰吉黄之乘。（今本《逸周书·王会》作'古黄之乘'）成王时献之。《六韬》曰，文身朱鬣，眼若黄金，项有鸡尾，名曰鸡斯之乘。《大传》曰，驳身朱鬣鸡目。《山海经》亦有吉黄之乘寿千岁者（今本无），惟名有不同，说有小错，其实一物耳。今博举之以广异闻也。"

鬼国在贰负之尸北①，为物人面而一目。一曰贰负神在其东，为物人面蛇身。

[注释]①鬼国：鬼国"人面而一目"，应即一目国也。《海外北经》云："一目国在其东，一目中其面而居。"

蜪犬①，如犬，青②，食人从首始。

[注释]①蜪：音 táo，字或作蚼，音 gōu。《说文解字》："蚼，北方有蚼犬，食人。" ②如犬，青：《太平御览》卷904引此经作"如犬而青"，《艺文类聚》卷

94 引此经作"如犬,青色"。

穷奇状如虎①,有翼②,食人从首始③,所食被发。在蜪犬北。一曰从足。

[注释]①穷奇:《西次四经》云:"曰邽山,其上有兽焉,其状如牛,蝟毛,名曰穷奇,音如獆狗,是食人。" ②有翼:郭璞注:"毛如蝟"。 ③从首始:下云"一曰从足",从首从足,传闻不同。

帝尧台、帝喾台、帝丹朱台、帝舜台①,各二台,台四方,在昆仑东北。

[注释]①帝尧台、帝喾台、帝丹朱台、帝舜台……:实则众帝之台。《海外北经》云,共工之臣相柳,为禹所杀,其地血腥不可种五谷,乃以为众帝之台,该处在昆仑之北。《大荒北经》则以相柳为相繇(柳、繇声近易转,实一人也。)

大蜂其状如螽①。朱蛾其状如蛾。

[注释]①螽:应为䗤字之讹。䗤,今作"蜂"。

蟜①,其为人虎文,胫有𦙄②。在穷奇东。一曰,状如人。昆仑虚北所有。

[注释]①蟜:《广韵》上声"巧"第 31:"蟜《山海经》云:野人,身有兽文。" ②胫有𦙄:脚有肥肠也。𦙄:《说文(新附字)》:"肥肠也。"郭璞注"胫有𦙄"曰:"言脚有膊肠也。"按,"膊肠"当为"肥肠"之讹。

阘非①,人面而兽身,青色。

[注释]①阘:音 tà。

据比之尸①，其为人折颈披发，无一手②。

[注释]①据比：一云"掾比"，又作"掾北"。 ②无一手：少一手，原有之手失去一只也。

环狗①，其为人兽首人身。一曰蝟状如狗，黄色。

[注释]①环狗：野人也，名狗而实人，故下文曰："其为人……"

袜①，其为物人身黑首从目②。

[注释]①袜：《玉篇》："即鬼魅也。" ②从目：纵目。从、纵古今字，从目即纵目。纵目者，竖目也，平线为横，竖线为纵。《楚辞·大招》："豕首纵目，被发鬤只。"

戎①，其为人人首三角。

[注释]①戎：即"离戎"。《逸周书·史记》云："昔有林氏召离戎之君而朝之，至而不礼，留而弗亲，离戎逃而去之，林氏诛之，天下叛林氏。"孔晁注："林氏，诸侯，天下见其遇戎不以礼，遂叛林氏。"书称"离戎"，注称"戎"，知戎即离戎。该地又与林氏之国相近，知为一国(族)二称也。《广韵》"伖，人身有三角也。"伖字从人戎声，其为人类无异，且"人身有三角"，实乃"人首三角"之征。

林氏国有珍兽，大若虎，五采毕具①，尾长于身，名曰驺吾②，乘之日行千里③。

[注释]①《诗·召南·驺虞》毛传："驺虞，义兽也，白虎黑文，不食生物。"与此"五采毕具"有异。 ②驺吾：即《诗经》中之"驺虞"。 ③日行千里：郭璞注："《六韬》云：纣囚文王，闳夭之徒诣林氏国求得此兽献之，纣大说，乃释之。《周书》曰，夹(今作'央')林酋耳，酋耳若虎，尾参于身，食虎豹。《大传》谓之侄(今作'怪')兽。吾宜作虞也。"

昆仑虚南所,有氾林方三百里①。

[注释]①氾林:即"范林"。《海外南经》云:"其范林方三百里。"

从极之渊深三百仞①,维冰夷恒都焉②。冰夷人面,乘两龙③。一曰忠极之渊④。

[注释]①从极之渊:《文选·江赋》"冰夷倚浪以傲睨",李善注引此经作"从极之川"。 ②冰夷:郭璞注:"冰夷,冯夷也。《淮南子》云,冯夷得道,以潜大川,即河伯也。《穆天子传》所谓河伯无夷者,《竹书》作冯夷,字或作冰也。" ③乘两龙:《文选·江赋》李善注引作"而乘龙","而"、"乘"互乙,"两"讹做"而"。郭璞注:"画四面各乘灵车,驾二龙。"《太平御览》卷61引此注"灵车"作"云车",《水经·河水注》引《括地图》云"冯夷恒乘云车,驾二龙",知郭注"灵(靈)车",当系"云(雲)车之讹"。 ④忠极:《水经·河水注》引作"中极",中、忠古字通。

阳汙之山①,河出其中;凌门之山②,河出其中③。

[注释]①阳汙:即阳纡。《穆天子传》卷1:"天子西征,鹜行至于阳纡之山,河伯无夷之所都居。"《水经·河水注》:"河水又出于阳纡、陵门之山,而注于冯逸之山。"《艺文类聚》卷8引此经作"阳纡之山,河出其中;陵门之山,河出其中。" ②凌门:即陵门,见《水经·河水注》、《艺文类聚》卷8引《山海经》。 ③河出其中:郭璞注:"皆河之枝源所出之处也。"

王子夜之尸,两手、两股、胸、首、齿,皆断异处。

舜妻登比氏生宵明、烛光①,处河大泽②,二女之灵能照此所方百里③。一曰登北氏。

[注释]①舜妻登比氏:上古普那鲁亚婚制,一夫可以多妻,故舜有三妃,

娥皇女英之外,尚有登比氏。《礼记·檀弓》云:"舜葬于苍梧之野,盖三妃未之从也。"郑玄注:"舜不告而娶,不立正妃,但三妃而已。"三妃为谁？罗泌《路史(后记十一)》谓娥肓(皇)、女莹(英)、癸(登)比是也。宵明、烛光:登比氏所生二女,以能光照,因以为名。　②泽:河边溢漫处。　③此所方百里:言二女之神光能照及方圆百里。

盖国在钜燕南,倭北。倭属燕①。

[注释]①倭:国名。郭璞注:"倭国在带方东大海内,以女为主(一本作'王'),其俗露紒,衣服无针功,以丹朱涂身。不妒忌,一男子数十妇也。"

朝鲜在列阳东,海北山南。列阳属燕①。

[注释]①列阳:郭璞注:"朝鲜今乐浪县,箕子所封也。列亦水名也,今在带方,带方有列口县。"按:《汉书·地理志》有"乐浪郡",郡属有县名朝鲜、黏蝉、带方、列口、吞列……"吞列"县下云:"分黎山,列水所出,至于黏蝉入海。"

列姑射在海河洲中①。

[注释]①列姑射:郭璞注:"山名也,山有神人。河洲在海中,河水所经者。《庄子》所谓藐姑射之山也。"按,《东次二经》有"姑射之山"、"北姑射之山"、"南姑射之山",姑射一名多处,故云"列"也。《庄子》所谓"藐"者,梁简文帝云:藐,远也。姑射渺藐远处,故云"藐"也。

姑射国在海中①,属列姑射。西南,山环之。

[注释]①姑射国:一本作"射姑国"。

大蟹在海中①。

[注释]①大蟹:千里之蟹也。

陵鱼,人面,手足①,鱼身,在海中。

[注释]①手足:陵鱼具有人之手足。

大鯾居海中①。

[注释]①鯾:音 biān,鲂也。

明组邑居海中。

蓬莱山在海中①。

[注释]①蓬莱山:郭璞注:"上有仙人宫室,皆以金玉为之,鸟兽尽白,望之如云,在渤海中也。"

大人之市在海中①。

[注释]①大人之市:《大荒东经》:"有波谷山者,有大人之国,有大人之市,名曰大人之堂。有一大人踆其上,张其两耳。"

海内东经

海内东北陬以南者。

钜燕在东北陬。

国在流沙中者埻端、玺㬇①,在昆仑虚东南。一曰海内之郡,不为郡县,在流沙中。

[注释]①埻:音 dūn 。玺㬇:或作"茧㬇",㬇即暖字。《玉篇》云:"《山海经》有玺㬇国,在昆仑虚之东南流沙中也。"

国在流沙外者,大夏、竖沙、居繇、月支之国①。

[注释]①大夏:郭璞注:"大夏国城方二三百里,分为数十国,地和温(当作'温和'),宜五谷。"竖沙:疑即《说文解字》之"宿沙"。繇:音 yáo。月支之国:郭璞注:"月支国多好马、美果,有大尾羊如驴尾,即羬羊也。小月支、天竺国皆附庸也。"

西胡白玉山在大夏东①,苍梧在白玉山西南,皆在流沙西,昆仑虚东南。昆仑山在西胡西。皆在西北。

[注释]①白玉山:《三国志·魏书·东夷传》附《魏略·西戎传》:"大秦西有海水,海水西有河水,河水西南北行有大山,西有赤水,赤水西有白玉山,白玉山有西王母。"

雷泽中有雷神①,龙身而人头,鼓其腹②。在吴西。

[注释]①雷神:盖即《大荒东经》中之雷兽。郭璞注:"雷兽即雷神也,人面龙身鼓其腹者。" ②鼓其腹:《史记·五帝本纪》"渔雷泽",《正义》:"《山海经》云,雷泽有雷神,龙首人颊,鼓其腹则雷也。"

都州在海中。一曰郁州。

琅邪台在渤海间,琅邪之东①,其北有山。一曰在海间。

[注释]①琅邪台:郭璞注:"今琅邪在海边,有山嶕峣特起,状如高台,此即琅邪台也。"

韩雁在海中①,都州南。

[注释]①韩雁:三韩古国名。

始鸠在海中①,辕厉南②。

[注释]①始鸠:国名,亦为鸟名。 ②辕厉:即韩厉也。辕、韩音近,厉、雁形似。

会稽山在大楚南①。

[注释]①大楚:"大越"之讹。《越绝书·越绝外传记地传》:"禹始也,忧民救水,到大越,上茅山,大会计,爵有德,封有功,更名茅山曰会稽。"视此则

知会稽在大越近处。此"会稽山在大楚南"应为"会稽山在大越南"。

岷三江：首大江出汶山①，北江出曼山，南江出高山。高山在城（成）都西。入海，在长州南。

[注释]①首大江出汶山：郭璞注："今江出汶山郡升迁县岷山，东南经蜀郡犍为至江阳，东北经巴东、建平、宜都、南郡、江夏、弋阳、安丰至庐江南界，东北经淮南、下邳至广陵郡入海。"

浙江出三天子都，在其（蛮）东。在闽西北，入海，余暨南。

庐江出三天子都，入江，彭泽西。一曰天子鄣。

淮水出余山，余山在朝阳东，义乡西。入海，淮浦北。

[注释]①朝阳：县名，今属河南新野。

湘水出舜葬东南陬，西环之。入洞庭下①，一曰东南西泽。

[注释]①洞庭下：旧以为洞庭为一地穴，下有水道潜行湖底，号为地脉，江水流入后又从地脉流走，故此云湘江流入洞庭下。

汉水出鲋鱼之山，帝颛顼葬于阳，九嫔葬于阴，四蛇卫之。

濛水出汉阳西，入江，聂阳西。

温水出崆峒①,山在临汾南,入河,华阳北。

[注释]①温水:其水常温,因以为名。

颍水出少室。少室山在雍氏南,入淮西鄢北①,一曰缑氏②。

[注释]①鄢:鄢陵。 ②缑氏:今河南偃师县一镇名,原为县名。

汝水出天息山,在梁勉乡西南,入淮极西北①。一曰淮在期思北②。

[注释]①淮极:地名。 ②期思:县名,属弋阳。

泾水出长城北山,山在郁郅、长垣北①,入渭,戏北②。

[注释]①郁郅:汉所置县。长垣:汉所置县。 ②戏:地名。

渭水出鸟鼠同穴山,东注河,入华阴北。

白水出蜀①,而东南注江,入江州城下②。

[注释]①白水:其水色微白而浊,因以为名。 ②江州:县名,属巴郡,非后世九江之江州。

沅水出象郡镡城西①,东注江,入下隽西②,合洞庭中。

[注释]①镡:音 xín。 ②隽:音 juàn。

赣水出聂都东山,东北注江,入彭泽西。

泗水出鲁东北而南，西南过湖陵西，而东南注东海，入淮阴北。

郁水出象郡，而西南注南海，入须陵东南。

肄水出临晋(武)西南①，而东南注海，入番禺西。

[注释]①临晋：县名，在今陕西省，决非流入番禺之肄水源出地，显系"临武"之讹。临武在湖南省，为肄水源出之地。

潢水出桂阳西北山，东南注肄水，入敦浦西。

洛水出(上)洛西山，东北注河，入成皋西。

汾水出上窳北，而西南注河，入皮氏南。

沁水出井陉山东，东南注河，入怀东南。

济水出共山南东丘，绝钜鹿泽①，注渤海，入齐琅槐东北。

[注释]①绝：横渡而过。

潦水出卫皋东，东南注渤海，入潦阳。

虖沱水出晋阳城南，而西至阳曲北，而东注渤海，入章武北。

漳水出山阳东,东注渤海,入章武南。

建平元年四月丙戌①,待诏太常属臣望校治,侍中光禄勋臣龚、侍中奉车都尉光禄大夫臣秀领主省。

[注释]①建平元年四月丙戌:公元前6年4月24日。建平,西汉哀帝年号。

大荒东经

东海之外大壑①,少昊之国②。少昊孺帝颛顼于此③,弃其琴瑟④。有甘山者,甘水出焉,生甘渊⑤。

[注释]①大壑:《艺文类聚》卷9引作"有大壑",经文脱"有"字。郭璞注:"《诗含神雾》曰,'东注无底之谷',谓此壑也。《离骚》曰,'降望大壑'。"《列子·汤问》:"渤海之东,不知几亿万里,有大壑焉,实惟无底之谷,其下无底,名曰归墟,八纮九野之水,天汉之流,莫不注之,而无增无减焉。"此《汤问》之大壑,即经文之大壑。 ②少昊:郭璞注:"少昊金天氏,帝挚之号也。" ③孺:育养。《说文》:"孺,乳子也。"《庄子·天运》:"乌鹊孺,鱼傅沫。"孺,育养之义。 ④弃其琴瑟:郭璞注:"言其壑中有琴瑟也。"少昊育养颛顼,当以琴瑟娱之。今壑中已有琴瑟之声,故弃少昊欲携往之琴瑟也。 ⑤甘渊:郭璞注:"水积则成渊也。"《说文》:"渊,回水也。"

大荒东南隅有山,名皮母地丘。

东海之外,大荒之中,有山名曰大言①,日月所出②。

[注释]①大言:《初学记》卷5引此经作"大谷"。 ②日月所出:日月从这里升起。

有波谷山者,有大人之国,有大人之市,名曰大人之堂①。有一大人踆其上②,张其两耳③。

[注释]①大人之堂:郭璞注:"亦山名,形状如堂室耳。大人时集会其上作市肆也。" ②踆:《太平御览》卷377引此经作"蹲"。郭璞注:"踆或作俊,皆古蹲字。《庄子·外物》曰:'踆于(今本作'蹲乎')会稽也。'" ③两耳:《太平御览》卷377、394引此经均作"两臂"。两耳无以张之,作"张其两臂"是。

有小人国,名靖人①。

[注释]①靖人:小人也。郭璞注:"《诗含神雾》曰,'东北极有人长九寸',殆谓此小人也。或作㣏,音同。"靖人,小人。《说文》:"靖,立㣏也……一曰细貌。"细为细小之称,细小之人为小人。《淮南子》作"㣏人",《列子》作"诤人",靖、㣏、诤古字通用。《列子·汤问》:"东北极有人名曰诤人,长九寸。"九寸之人极矮小,故曰小人。

有神,人面兽身,名曰犁䰮之尸①。

[注释]①䰮:音líng,《玉篇》:"䰮,龙也,又作灵(靈),神也,善也。或作䰮。"

有㵲山,杨水出焉。

有蔿国①,黍食②,使四鸟③:虎、豹、熊、罴。

[注释]①蔿国:舜所建之国。舜之后裔善"使四鸟",《大荒东经》"有中容之国,帝俊生中容,中容……使四鸟:豹、虎、熊、罴。""有习幽之国,帝俊生晏龙,晏龙生司幽……是使四鸟。""有白民之国,帝俊生帝鸿,帝鸿生白民……黍食,使四鸟:虎、豹、熊、罴。""有黑齿之国,帝俊生黑齿,姜姓,黍食,使四鸟。""有人三身,帝俊妻娥皇,生此三身之国,姚姓,黍食,使四鸟。"帝俊之裔

均使四鸟,蔿国亦使之,知蔿为舜之后裔也。《史记·陈世家》:"舜为庶人时,尧妻之二女,居于妫汭,其后因为氏姓。"舜之后以妫为氏姓,今蔿国为舜之后,则蔿字即古妫也。故曰:蔿国即妫国。　②黍食:郭璞注:"言此国中惟有黍谷也。"　③使:驯养而役使之。四鸟:谓虎、豹、熊、罴,皆兽也。古者鸟兽通名,故四兽可谓四鸟。

大荒之中,有山名曰合虚①,日月所出②。

[注释]①合虚:《北堂书钞》卷149引此经作"含虚"。　②日月所出:《书钞》卷149引此经作"日月所生之地"。

有中容之国。帝俊生中容①,中容人食兽、木实②,使四鸟:豹、虎、熊、罴。

[注释]①帝俊:郭璞注:"俊亦舜字假借音也。"　②木实:奇木之果也。郭璞注:"此国中有赤木玄木,其华实美。见《吕氏春秋》。"经文"木实",乃此赤木玄木之实。按《吕氏春秋·本味》:"指姑之东,中容之国,有赤木玄木之叶焉。"高诱注:"赤木玄木,其叶皆可食,食之而仙也。"

有东口之山。有君子之国,其人衣冠带剑①。

[注释]①衣冠带剑:这是华夏士人——君子的标准装束。衣:上衣下裳;冠:束发加冠;加上佩剑,成为君子的服装样板,不同于披发左衽的胡狄之服。

有司幽之国①。帝俊生晏龙②,晏龙生司幽,司幽生思士,不妻;思女,不夫。食黍,食兽,是使四鸟。

[注释]①司幽之国:《列子·天瑞》"思士不妻而感,思女不夫而孕",张湛注引本经作"思幽之国"。《太平御览》卷50引本经作"司幽之民"。　②晏龙:《御览》卷50引作"星龙"。

有大阿之山者。

大荒中有山名曰明星,日月所出。

有白民之国。帝俊生帝鸿,帝鸿生白民,白民销姓,黍食,使四鸟:虎、豹、熊、罴。

有青丘之国,有狐,九尾。

有柔仆民,是维嬴土之国①。

[注释]①嬴:郭璞注:"嬴犹沃衍也。"

有黑齿之国①。帝俊生黑齿,姜姓,黍食,使四鸟。

[注释]①黑齿:郭璞注:"齿如漆也。"

有夏州之国,有盖余之国。

有神人,八首人面,虎身十尾,名曰天吴①。

[注释]①天吴:《海外东经》载:"神曰天吴,是为水伯……其为兽也,八首人面,八足八尾,皆青黄。"

大荒之中,有山名曰鞠陵于天、东极、离瞀①,日月所出。名曰折丹②——东方曰折③,来风曰俊④——处东极以出入风⑤。

[注释]①鞠陵于天、东极、离瞀:郭璞注:"三山名也。" ②名曰折丹:《北

堂书钞》卷151引此经作"有人曰析丹",《太平御览》卷9引此经作"有人名曰析丹。" ③东方曰析:胡厚宣《甲骨文四方风名考》揭示善斋大骨、《甲骨文合集》14295均作"东方曰析"。 ④来风曰俊:善斋大骨云"风曰𠷎",《合集》14295云"风曰劦"。按经言"东方曰析,来风曰俊",东方为春方,来风当为春风。《夏小正》云:"正月,时有俊风",正月为春,故东方之风为春风即俊风。 ⑤处东极以出入风:郭璞注:"言此人能节宣风气,时其出入。"

东海之渚中①,有神,人面鸟身,珥两黄蛇②,践两黄蛇,名曰禺䝞③。黄帝生禺䝞,禺䝞生禺京④。禺京处北海,禺䝞处东海,是为海神⑤。

[注释]①渚:水中之陆地,岛也。 ②珥两黄蛇:郭璞注:"以蛇贯耳。" ③禺䝞:一本作"禺號(号)"。 ④禺京:郭璞注:"即禺彊(强)也。" ⑤是为海神:郭璞注:"言分治一海而为神也。"

有招摇山,融水出焉。有国曰玄股①,黍食,使四鸟。

[注释]①玄股:郭璞注:"自髀以下如漆。"

有困民国①,勾姓而食②。有人曰王亥③,两手操鸟④,方食其头。王亥托于有易、河伯仆牛⑤。有易杀王亥⑥,取仆牛。河念有易⑦,有易潜出,为国于兽,方食之,名曰摇民⑧。帝舜生戏,戏生摇民。

[注释]①困民:吴其昌以为"因民"之讹。因民即摇民、嬴民,因、摇、嬴一声之转。 ②勾姓而食:何焯以为"勾姓黍食"之讹。黍字篆书作𥞤,上半如缺"禾"字,则半之𠂆极易误之为"而"矣。 ③王亥:卜辞中殷人之先公,《天问》作"该",《吕氏春秋》作"王冰",《初学记》卷29引《世本》作"胲",《太平御览》卷899引《世本》作"鲧",《史记·殷本纪》作"振",《索隐》引《世本》作

"核",《汉书·古今人表》作"垓"。 ④两手操鸟:甲骨卜辞亥字有写作 者,字从隹从亥。其从"隹"者,疑为"两手操鸟"之肇因。 ⑤仆牛:《天问》作"朴牛",《世本》作"服牛",乃指所驯养之用牛。 ⑥有易杀王亥:郭璞注:"《竹书》曰:殷王子亥宾于有易而淫焉,有易之君棉臣杀而放之,是故殷主(上)甲微假师于河伯以伐有易,灭之,遂杀其君棉臣也。" ⑦河念有易:当作"河伯念有易"。 ⑧名曰摇民:郭璞注:"言有易本与河伯友善,上甲微殷之贤王,假师以义伐罪,故河伯不得不助灭之。既而哀念有易,使得潜化而出,化为摇民国。"

海内有两人①,名曰女丑②。女丑有大蟹③。

[注释]①两人:郭璞注。"此乃有易所化者也。" ②女丑:郭璞注:"即女丑之尸,言其变化无常也。然则一以涉化津而遁神域者,亦无往而不之,触感而寄跡矣。范蠡之伦,亦闻其风者也。" ③大蟹:郭璞注:"广千里也。"

大荒之中,有山名曰孽摇頵羝①。上有扶木②,柱三百里③,其叶如芥。有谷曰温源谷④。汤谷上有扶木,一日方至,一日方出⑤,皆载于乌⑥。

[注释]①頵羝:《吕氏春秋·谕大》"地大则有常祥、不庭、岐母、群抵、天翟、不周",群抵,疑即经文之"頵羝"。 ②扶木:即榑木,扶桑之木。《说文解字》:"叒,日初出东方汤谷所登博桑,叒木也。" ③柱:郭璞注:"柱犹起高也。" ④温源谷:即汤谷。 ⑤一日方至,一日方出:郭璞注:"言交会相代也。" ⑥乌:日中之三足乌。

有神,人面、犬耳、兽身①,珥两青蛇,名曰奢比尸。

[注释]①犬耳:一本作"大耳",《海外东经》即作"大耳"。 ②奢比尸:《海外东经》作"奢比之尸"。

有五采之鸟,相乡弃沙①。惟帝俊下友②。帝下两坛③,采鸟是司④。

[注释]①弃沙:其义不明。 ②帝俊下友:帝俊下与五采鸟为友。③帝下两坛:帝俊所居之山下有两坛。 ④采鸟是司:两坛由五采鸟主之。

大荒之中,有山名猗天苏门①,日月所生②。有壎民之国③。

[注释]①猗天苏门:《艺文类聚》卷1引此经作"猗天山、苏门山,日月所出";《太平御览》卷3引此经作"苏门,日月所出"。 ②所生:《类聚》卷1、《御览》卷3引此经均作"所出"。 ③壎:音 xuān。

有綦山①。又有摇山。有䰛山②。又有门户山。又有盛山。又有待山。有五采之鸟。

[注释]①綦:音 jì。 ②䰛:音 zèng。

东荒之中,有山名曰壑明俊疾,日月所出。有中容之国。

东北海外,又有三青马、三骓、甘华①。爰有遗玉、三青鸟、三骓、视肉、甘华、甘柤②,百谷所在③。

[注释]①骓:郭璞注:"马苍白杂毛为骓。" ②遗玉:玉石。三青鸟:《大荒西经》曰:"有三青鸟,赤首黑目,一名曰大鵹,一名少鵹,一名曰青鸟。"视肉:郭璞注《海外南经》"视肉"曰:"聚肉,形如牛肝,有两目也;食之无(《北堂书钞》卷145引无"无"字)尽,寻复更生如故。" ③百谷所在:郭璞注:"言自生也。"

有女和月母之国。有人名曰鹓①,北方曰鹓,来之风曰狄②,是处东极隅以止日月③,使无相间出没,司其短长④。

[注释]①鹓:音 wǎn。 ②狄:音 yǎn。 ③东极:当是"东北"之讹。④司其短长:郭璞注:"言鹓主察日月出入,不令得相间错,知景之短长。"按,当是知日月时间之短长。

大荒东北隅中①,有山名曰凶犁土丘②。应龙处南极③,杀蚩尤与夸父,不得复上④,故下数旱⑤。旱而为应龙之状,乃得大雨。

[注释]①大荒东北隅中:《太平御览》卷35引此经作"东荒之北隅",《太平御览》卷11、《艺文类聚》卷100引作"东荒北隅"。 ②凶犁土丘:《艺文类聚》卷100、《御览》卷11引此经均作"土丘",《御览》卷35引作"凶犁",《史记·五帝本纪·索隐》:"案,皇甫谧云,黄帝使应龙杀蚩尤于凶黎之谷。" ③应龙:《广雅·释鱼》:"有翼曰应龙。" ④上:回归天上。 ⑤故下数旱:应龙为作雨之神,其不得上天,无神作雨,故地下数旱。

东海中有流波山,入海七千里①。其上有兽,状如牛,苍身而无角,一足,出入水则必风雨②,其光如日月,其声如雷③,其名曰夔④。黄帝得之,以其皮为鼓⑤,橛以雷兽之骨⑥,声闻五百里,以威天下。

[注释]①七千:《太平御览》卷50引此经作"七十"。 ②出入水:《御览》卷50作"入水",无"出"字。 ③其声:《御览》卷50作"其音"。 ④其名:《御览》卷50作"名",无"其"字。 ⑤为鼓:《御览》卷50作"作鼓"。 ⑥橛:击也。雷兽:雷神,人面兽身,鼓其腹如鼓。

大荒南经

南海之外,赤水之西,流沙之东,有兽,左右有首,名曰跊踢①。有三青兽相并,名曰双双。

[注释]①跊踢:音 chù tì。

有阿山者。南海之中,有氾天之山,赤水穷焉①。赤水之东,有苍梧之野②,舜与叔均之所葬也③。爰有文贝、离俞、鸱久、鹰、贾、委维、熊、罴、象、虎、豹、狼、视肉④。

[注释]①穷:郭璞注:"流极于此山也。" ②有:《艺文类聚》卷84、《太平御览》卷555引此经均无"有"字。 ③叔均:郭璞注:"叔均,商均也。舜巡守,死于苍梧而葬之。商均因留,死亦葬焉。基今在九疑之中。" ④文贝:紫贝。紫贝以紫为质,黑为文点,因称文贝。离俞:即离朱。鸱久:鸺鹠。贾:鸟,鹰属。委维:即委蛇。

有荣山①、荣水出焉②。黑水之南,有玄蛇,食麈。

[注释]①荣山:一本作"荥山"。 ②荣水:一本作"荥水"。

有巫山者,西有黄鸟,帝药八斋①。黄鸟于巫山,司此玄蛇②。

[注释]①帝药:郭璞注:"天帝神仙药在此也。"八斋,其义不详。 ②司:主之也。

大荒之中,有不庭之山①,荣水穷焉②。有人三身,帝俊妻娥皇,生此三身之国,姚姓③,黍食,使四鸟。有渊四方④,四隅皆达⑤,北属黑水⑥,南属大荒。北旁名曰少和之渊,南旁名曰从渊⑦,舜之所浴也⑧。

[注释]①不庭:《吕氏春秋·谕大》:"地大则有常祥、不庭、岐母……"高诱注"皆兽名也",然此"不庭"则必为山名。 ②荣水穷焉:流极于此也。 ③姚姓:舜姚姓,生此三身之国,从舜姓姚。 ④四方:《太平御览》卷395引此经作"正方"。 ⑤四隅皆达:郭璞注:"言渊四角皆旁通也。"皆达,《御览》卷395引作"皆通"。 ⑥属:犹连。 ⑦从渊:宋本作"狁渊",《御览》卷395引作"纵渊"。从、狁、纵一声之转。从字郭璞注:"音驄马之驄(cōng)。" ⑧舜之所浴也:郭璞注:"言舜尝在此中澡浴也。"

又有成山,甘水穷焉①。有季禺之国,颛顼之子②,食黍。有羽民之国,其民皆生毛羽。有卵民之国,其民皆生卵③。

[注释]①甘水穷焉:郭璞注:"甘水出甘山,极此中也。" ②颛顼之子:郭璞注:"言此国人颛顼之裔子也。" ③生卵:郭璞注:"即卵生也。"

大荒之中,有不姜之山,黑水穷焉。又有贾山,汔水出焉。又有言山。又有登备之山①。有恝恝之山②。又有蒲山,澧水出焉③。又有隗山④,其西有丹,其东有玉。又南有山,漂水出焉⑤。有尾山。有翠山⑥。

[注释]①登备之山：郭璞注："即登葆山，群巫所从上下者也。" ②恝：音qì。 ③澧：音lǐ。 ④隗：音kuí。 ⑤漂：音piào。 ⑥翠山：郭璞注："言此山有翠鸟也。"

有盈民之国，於姓，黍食。又有人方食木叶①。

[注释]①食木叶：《吕氏春秋·本味》"有赤木玄木之叶焉"，高诱注："赤木玄木，其叶皆可食，食之而仙也。"《穆天子传》卷4"有模槿，其叶是食明后"，均为上古食叶之明证。

有不死之国，阿姓，甘木是食①。

[注释]①甘木：郭璞注："甘木即不死树，食之不老。"

大荒之中，有山名曰去痓。南极果，北不成，去痓果①。

[注释]①南极果，北不成，去痓果：南极、去痓在《大荒南经》中，故去痓之果为南极之果；南极之果长于北地则不成，因为它是南极去痓之果。南极，南方至远之地。

南海渚中，有神，人面，珥两青蛇，践两赤蛇，曰不廷胡余①。

[注释]①不廷胡余：郭璞注："一神名耳。"

有神名曰因因乎①，南方曰因乎②，夸风曰乎民③，处南极以出入风④。

[注释]①有神名曰因因乎：《大荒东经》云："(有神)名曰折丹，东方曰折，来风曰俊。"依此例，本文当作"有神名曰因乎……" ②南方曰因乎：依《大荒

东经》例,当作"南方曰因"。　③夸风曰乎民:依《大荒东经》例,当作"来风曰民"。　④处南极:东方之神"处东极以出入(调节)风",南方之神固应处南极以出入风矣!

有襄山。又有重阴之山。有人食兽,曰季釐①。帝俊生季釐,故曰季釐之国。有缗渊②。少昊生倍伐,倍伐降处缗渊。有水四方,名曰俊坛③。

[注释]①季釐:即季狸。《左传·文公十八年》:"高辛氏有才子八人:伯奋、仲堪……季狸。"杜预注:"高卒,帝喾之号;八人,亦其苗裔。"高辛为帝喾之号,帝喾即帝俊。季狸为帝喾之裔,季釐为帝俊之后。是帝喾即帝俊、季釐为季狸也。　②缗:音mín。　③俊坛:郭璞注:"水状似土坛,因名舜坛也。"按:帝俊为帝舜,舜坛即是俊坛。

有蔵民之国①。帝舜生无淫,降蔵处,是谓巫蔵民。巫蔵民朌姓②,食谷,不绩不经,服也③;不稼不穑,食也④。爰有歌舞之鸟,鸾鸟自歌,凤鸟自舞。爰有百兽,相群爰处。百谷所聚⑤。

[注释]①蔵民之国:郭璞注:"为人黄色。"　②朌:一本作"盼"。　③不绩不经,服也:郭璞注:"言自然有布帛也。"　④不稼不穑,食也:郭璞注:"言五谷自生也。种之为稼,收之为穑。"　⑤百谷所聚:言其富饶。

大荒之中,有山名曰融天,海水南入焉。

有人曰凿齿,羿杀之①。

[注释]①羿杀之:郭璞注:"射杀之也。"

有蜮山者①,有蜮民之国,桑姓,食黍②,射蜮是食③。有人方扜弓射黄蛇④,名曰蜮人。

[注释]①蜮:音 huò。 ②食黍:《太平御览》卷 790 作"食桑"。 ③射蜮是食:郭璞注:"蜮,短狐也,似鳖,含沙射人,中之则病死。此山出之,亦以名云。" ④扜:音 yū,挽也,引也,持也。

有宋山者,有赤蛇,名曰育蛇。有木生山上,名曰枫木。枫木,蚩尤所弃其桎梏①,是为枫木②。

[注释]①蚩尤所弃其桎梏:郭璞注:"蚩尤为黄帝所得,械而杀之,已摘弃其械,化而为树也。" ②枫木:郭璞注:"即今枫香树。"

有人方齿虎尾,名曰祖状之尸①。

[注释]①祖:一本作"柤",音 zǔ。

有小人,名曰焦侥之国①,几姓,嘉谷是食。

[注释]①焦侥之国:郭璞注:"皆长三尺。"

大荒之中,有山名朽涂之山①,青水穷焉。有云雨之山②,有木名曰栾。禹攻云雨③,有赤石焉生栾④,黄本,赤枝,青叶,群帝焉取药⑤。

[注释]①朽涂:即丑涂。《西次三经》有"丑涂之水",也会有"丑涂之山"。朽,音朽(xiǔ)。 ②云雨之山:亦在朽涂山附近。 ③禹攻云雨:郭璞注:"攻谓槎伐其林木。" ④有赤石焉生栾:郭璞注:"言山有精灵,复变生此木于赤石之上。" ⑤群帝焉取药:郭璞注:"言树花实皆为神药。"

有国曰颛顼,生伯服①,食黍。有鼬姓之国②。有苕山。又有宗山。又有姓山。又有壑山。又有陈州山。又有东州山。又有白水山,白水出焉,而生白渊,昆吾之师所浴也③。

[注释]①伯服:颛顼之子。《世本·帝系》:"颛顼生偶,偶字伯服。"②鼬:音yòu。 ③昆吾:郭璞注:"昆吾,古王者号。《音义》曰:'昆吾,山名,溪水内出善金。'二文有异,莫知所辨测。"

有人曰张弘,在海上捕鱼。海中有张弘之国,食鱼,使四鸟。

有人焉①,鸟喙,有翼,方捕鱼于海。大荒之中,有人名曰驩头。鲧妻士敬,士敬子曰炎融,生驩头。驩头人面鸟喙,有翼,食海中鱼,杖翼而行②。维宜芑苣,穋杨是食③。有驩头之国。

[注释]①有人焉:此人即下文之驩头。 ②杖翼而行:以杖代翼之飞而行。郭璞注:"翅不可以飞,倚杖之用行而已。"用行,一本作"周行"。 ③维宜芑苣,穋杨是食:驩头国人除食海中鱼外,又食芑苣、穋杨之类也。芑,音qǐ,杞也。《诗·大雅·生民》"维穈维芑"毛传:"芑,白苗也。"《释文》:"白梁粟也。"苣,即秬。郭璞注:"《管子》说地所宜云,'其种穈秬黑黍'皆禾类也。苣,黑黍,今字作禾旁。起、秬、虮三音。"知苣本作秬,音jù,《诗·大雅·生民》"维秬维秠",毛传:"秬,黑黍也。"穋,字同稑,疾孰(熟)也。指早熟的禾类植物。杨,所指何物不详。

帝尧、帝喾、帝舜葬于岳山①。爰有文贝、离俞、鸱久、鹰、延维、视肉、熊、罴、虎、豹②;朱木、赤枝,青华,玄实③。

有申山者。

[注释]①岳山:即狄山。　②鹰:鹰下一本有"贾"字。　③朱木,赤枝,青华,玄实:《大荒西经》云:"有盖山之国,有树,赤皮,支干,青叶,名曰朱木。"即此木也。

大荒之中,有山名曰天台高山①,海水入焉②。

[注释]①天台高山:《太平御览》卷50、60,《艺文类聚》卷8引此经均作"天台",无"高山"二字,疑是注文羼入经文。　②海水入焉:疑其本作"海水南入焉",脱"南"字。经记海水入山,均示以南北方位。今独无,疑误脱。

东南海之外①,甘水之间②,有羲和之国,有女子名曰羲和③,方日浴于甘渊④。羲和者,帝俊之妻,生十日⑤。

[注释]①东南海:《北堂书钞》卷149、《太平御览》卷3引此经均作"东海",无"南"字。《后汉书·王符传》"非谓羲和安行",李贤注引此经有"南"字。　②甘水:《初学记》卷1、《太平御览》卷3引此经作"甘泉",《后汉书·王符传》李贤注引此经仍作"甘水"。　③名曰:《后汉书·王符传》注、《初学记》卷1作"曰",无"名"字;《北堂书钞》卷149引有"名"无"曰"字;《艺文类聚》卷1引作"名曰"。　④日浴:一本作"浴日"。《后汉书·王符传》注、《初学记》卷1、《艺文类聚》卷1、《太平御览》卷3引此经均作"浴日"。甘渊:《后汉书·王符传》注、《初学记》卷1、《艺文类聚》卷1、《太平御览》卷3引此经均作"甘泉"。盖唐时避李渊讳,改"渊"为"泉"耳。　⑤生十日:盖指一旬之日有十,乃甲、乙、丙、丁、戊、己、庚、辛、壬、癸也。

有盖犹之山者,其上有甘柤,枝干皆赤,黄叶,白华,黑实。东又有甘华,枝干皆赤,黄叶。有青马。有赤马,名曰三骓。有视肉。

有小人名曰菌人。

有南类之山,爰有遗玉、青马、三骓、视肉、甘华,百谷所在。

大荒西经

西北海之外①,大荒之隅,有山而不合,名曰不周负子②,有两黄兽守之。有水曰寒暑之水。水西有湿山,水东有幕山。有禹攻共工国山③。

[注释]①西北海:《文选·甘泉赋》"蹑不周之逶迤",李善注引此经作"西海",无"北"字。又《思玄赋》"纵余襳乎不周",李善注引此经仍作"西北海",有"北"字。 ②不周负子:《文选》、《思玄赋》及《甘泉赋》李善注和《太平御览》卷59引此经均作"不周",无"负子"二字。 ③禹攻共工国山:郭璞注:"言攻其国,杀其臣相柳于此山。《启筮》曰:共工,人面,蛇身,朱发也。"

有国名曰淑士,颛顼之子①。

[注释]①颛顼之子:郭璞注:"言亦出自高阳氏也。"

有神十人,名曰女娲之肠①,化为神,处栗广之野②,横道而处③。

[注释]①女娲之肠:郭璞注:"或作女娲之腹。" ②栗广:旷野之名。 ③横道:当道,断道,横挡于道。

有人名曰石夷①,来风曰韦②,处西北隅以司日月之长短③。

[注释]①有人名曰石夷:下脱"西方曰夷"四字。《甲骨文合集》14295:"西方曰彝"。 ②来风曰韦:《合集》14295曰:"风曰丮。"郭璞注:"'来'或作'本'也。" ③以司日月之长短:郭璞注:"言察日月晷度之节。"

有五采之鸟,有冠,名曰狂鸟①。

[注释]①狂鸟:郭璞注:"《尔雅(·释鸟)》云,'狂,梦(㝱)鸟',即此也。"狂鸟,《玉篇》作鵟,"鵟,鸟有冠。"

有大泽之长山。有白氏之国①。

[注释]①白氏:一本作"白民"。

西北海之外,赤水之东,有长胫之国①。

[注释]①长胫:郭璞注:"脚长三丈。"按,长胫国即长股国。长胫国民脚长三丈,长股国民之脚长,郭注已"过三丈矣。"

有西周之国,姬姓①,食谷。有人方耕,名曰叔均。帝俊生后稷②,稷降以百谷。稷之弟曰台玺③,生叔均。叔均是代其父及稷播百谷,始作耕④。有赤国妻氏。有双山。

[注释]①姬姓:《说文》:"姬,黄帝居姬水,以为姓。"《史记·周本纪》:"周后稷名弃……帝舜曰:弃,黎民始饥,尔后稷,播时百谷。封弃于邰,号曰后稷,别姓姬氏。" ②帝俊生后稷:郭璞注:"俊宜为喾,喾第二妃生后稷氏。" ③台:音 tāi。 ④叔均……始作耕:《海内经》:"后稷是播百谷。稷之孙曰叔均,始作牛耕。"

西海之外,大荒之中,有方山者,上有青树①,名曰枢格之松②,日月所出入也。

[注释]①青树:《初学记》卷1引此经作"青松"。　②枢格之松:郭璞注:"木名,音矩(jǔ)。"《初学记》卷1引"枢"作"拒",误。

西北海之外①,赤水之西,有先民之国②,食谷,使四鸟。

[注释]①西北海:《初学记》卷10引此作"西海",无"北"字。　②先民:《淮南子·地形》"凡海外三十六国,自西北至西南方"中有"天民",天字古作兲,兲,易与"先"字相混。故疑经文"先民",乃《淮南》"天民"之讹。

有北狄之国,黄帝之孙曰始均,始均生北狄。

有芒山。有桂山。有榣山①。其上有人,号曰太子长琴。颛顼生老童②,老童生祝融③,祝融生太子长琴,是处榣山,始作乐风④。

[注释]①桂山、榣山:郭璞注:"此山多桂及榣木,因名云耳。"　②颛顼生老童:郭璞注:"《世本》云,颛顼娶于滕隍氏,谓之女禄,产老童也。"　③老童生祝融:郭璞注:"即重黎也,高辛氏火正,号曰祝融也。"　④始作乐风:郭璞注:"创制乐风曲也。"

有五采鸟三名:一曰皇鸟①,一曰鸾鸟,一曰凤鸟②。

[注释]①皇鸟:藏本作"凤鸟"。　②凤鸟:藏本作"凤皇"。

有虫状如菟①,胸以后者裸不见②,青如猿状③。

[注释]①菟:通兔。此兔本属于兽。今谓之"虫"者,古者自人及鸟兽之

属,通谓之虫。　②胸以后者裸不见:郭璞注:"言皮色青,故不见其裸露处。"
　　③青如猨状:郭璞注:"状又似猨。"此言该物状如兔而色青如猨,非状如兔又状如猨也。考其物当应为毚。《说文解字》:"毚,兽也。似兔,青色而大。"

　　大荒之中,有山名曰丰沮玉门,日月所入。

　　有灵山①,巫咸、巫即、巫盼、巫彭、巫姑、巫真、巫礼、巫抵、巫谢、巫罗十巫②,从此升降,百药爰在③。

　　[注释]①灵山:即巫山。古者灵字作靈,从巫霝声。《说文》:"靈,巫也。以玉事神。"靈巫同义相受,互为转注,故其字相通用,而灵山居此群巫也。②盼,一本作"盼"。　③百药爰在:郭璞注:"群巫上下此山采之也。"

　　西有王母之山①、壑山、海山。有沃之国②,沃民是处。沃之野,凤鸟之卵是食③,甘露是饮。凡其所欲,其味尽存④。爰有甘华、甘柤、白柳、视肉、三骓、璇瑰、瑶碧、白木、琅玕、白丹、青丹⑤,多银铁。鸾凤自歌⑥,凤鸟自舞,爰有百兽,相群是处,是谓沃之野⑦。

　　[注释]①西有王母之山:《太平御览》卷928引此经作"西王母山"。②沃之国:《艺文类聚》卷89、《太平御览》卷809、957引此经作"沃民之国";《御览》卷178、928引此经作"沃民国"。　③凤鸟之卵是食:《吕氏春秋·本味》:"流沙之西,丹山之南,有凤之丸,沃民所食。"高诱注:"丸,古卵字。"④凡其所欲,其味尽存:郭璞注:"言其所愿滋味,此无所不备。"　⑤璇瑰:玉名,亦作"璿瑰"。《穆天子传》卷4:"枝斯璿瑰"。璿瑰又作"琼瑰"。《左传·成公十七年》:"赠我以琼瑰"。白木:树色正白。　⑥鸾凤:一本作"鸾鸟"。⑦沃之野:一本作"沃民之野"。

　　有三青鸟,赤首黑目,一名曰大鵹,一名少鵹,一名曰青鸟。

有轩辕之台,射者不敢西响射①,畏轩辕之台②。

[注释]①不敢西响射:《艺文类聚》卷62引此经作"不敢西响"无"射"字,一本亦无"射"字,"射"字衍。响:响、向古字通。 ②畏轩辕之台:郭璞注:"敬难黄帝之神。"

大荒之中,有龙山,日月所入。有三泽水,名曰三淖,昆吾之所食也①。

[注释]①食:食其国邑。

有人衣青,以袂蔽面,名曰女丑之尸。

有女子之国。

有桃山。有䖟山①。有桂山。有于土山。

[注释]①䖟:通"芒"。

有丈夫之国。

有弇州之山,五采之鸟仰天①,名曰鸣鸟②。爰有百乐歌儛之风③。

[注释]①仰天:郭璞注:"张口嘘天。" ②鸣鸟:凤属。 ③爰有百乐歌儛之风:郭璞注:"爰有百种伎乐歌儛风曲。"

有轩辕之国①,江山之南栖为吉②,不寿者乃八百岁③。

[注释]①轩辕之国:郭璞注:"其人人面蛇身。" ②江山之南栖为吉:郭璞注:"即穷山之际也。山居为栖,吉者言无凶夭。" ③不寿者乃八百岁:郭璞注:"寿者数千岁。"

西海陼中①,有神人面鸟身,珥两青蛇,践两赤蛇,名曰弇兹。

[注释]①陼:《尔雅·释地》:"小洲曰陼。"

大荒之中,有山名曰月山,天枢也。吴姖天门①,日月所入。有神,人面无臂,两足反属于头山②,名曰嘘。颛顼生老童,老童生重及黎,帝令重献上天③,令黎卭下地④。下地是生噎⑤,处于西极,以行日月星辰之行次⑥。

[注释]①姖:一本作"姬"。 ②头山:一本作"头上",作"头上"是。 ③献:呈,举。 ④卭:疑为"印"字之伪。印,抑也。 ⑤噎:疑即上文"名曰嘘"之"嘘",字之伪也。 ⑥以行日月星辰之行次:郭璞注:"主察日月星辰之度数次舍也。"

有人反臂,名曰天虞①。

[注释]①天虞:郭璞注:"即尸虞也。"

有女子方浴月,帝俊妻常羲,生月十有二①,此始浴之。

[注释]①生月十有二:按,其义系指一旬十二日(即地支子、丑、寅、卯

……十二支),"月"字乃"日"字之讹,当作"生日十有二"也。

有玄丹之山①。有五色之鸟,人面有发。爰有青鸢、黄鹜②,青鸟、黄鸟③,其所集者其国亡。

[注释]①玄丹之山:一本作"玄丹之山者"。郭璞注:"出黑丹也。"②鸢:音wén。鹜:音áo。 ③青鸟、黄鸟:指青鸢、黄鹜。

有池名孟翼之攻颛顼之池①。

[注释]①孟翼:人名。当与禹同类。经有禹攻共工国山,亦有孟翼之攻颛顼之池。

大荒之中,有山,名曰鏖鏊钜①,日月所入者。

[注释]①鏊:音áo。

有兽,左右有首,名曰屏蓬①。

[注释]①屏蓬:郭璞注:"即并封也,语有轻重耳。"案:"并封",《海外西经》谓其前后皆有首,此言"左右有首",均系二首,其首数同矣。

有巫山者。有壑山者。有金门之山,有人名曰黄姖之尸①。有比翼之鸟。有白鸟青翼,黄尾,玄喙。有赤犬,名曰天犬②,其所下者有兵。

[注释]①姖:一本作"姬"。 ②天犬:即天狗,流星之名。《史记·天官书》:"天狗,状如大奔星,有声。其下止地类狗,所堕及望之如火光,炎炎冲天。其下圆如数顷田处。上兑(锐)者则有黄色,千里破军杀将。"按"千里破军杀将",与"其所下者有兵"吻合。

西海之南，流沙之滨，赤水之后，黑水之前，有大山，名曰昆仑之丘。有神——人面虎身，有文有尾①，皆白——处之②。其下有弱水之渊环之③，其外有炎火之山，投物辄然④。有人，戴胜，虎齿，有豹尾⑤，穴处，名曰西王母。此山万物尽有。

［**注释**］①有文有尾：《太平御览》卷38引此经作“文尾”，无两“有”字。②皆白处之：郭璞注：“言其尾以白为点驳。”　③弱水：不能浮起鸿毛之水。④然：通“燃”。　⑤有豹尾：《后汉书·张衡传》“戴胜慭其既欢兮”，李贤注引此经作“有尾”无“豹”字。

大荒之中，有山名曰常阳之山，日月所入。

有寒荒之国，有二人女祭、女薎①。

［**注释**］①女祭、女薎：郭璞注：“或持觯，或持俎。”《海外西经》：“女祭、女戚在其北，居两水间，戚操鱼䱇，祭操俎。”操䱇操俎与持觯持俎事项相类，故疑女祭、女薎即《海外西经》之女祭、女戚。

有寿麻之国①。南岳娶州山女，名曰女虔。女虔生季格，季格生寿麻。寿麻正立无景②，疾呼无响③。爰有大暑④，不可以往。

［**注释**］①寿麻：国名。郭璞注：“《吕氏春秋》曰：南（一本作‘西’）服寿麻，北怀阘耳。”今本《吕氏春秋·任数》作“西服寿靡，北怀儋耳。”高诱注：“西极之国，靡亦作麻。”　②景：通“影”。　③响：回响，回声也。　④爰有大暑：郭璞注：“言炙热杀人也。”

有人无首，操戈盾立，名曰夏耕之尸。故成汤伐夏桀于章山,克之,斩耕厥前①。耕既立,无首②,走厥咎③,乃降于巫山④。

[注释]①斩耕厥前:虽无首,亦斩于其前。 ②耕既立,无首:一本作"耕既无首,立。" ③走厥咎:言耕走避罪责也。 ④降于巫山:自窜于巫山矣。

有人名曰吴回,奇左①,是无右臂。

[注释]①奇左:以左臂为单数独立存在。

有盖山之国,有树,赤皮支干,青叶,名曰朱木①。

[注释]①朱木:或作"朱威木"。

有一臂民。

大荒之中,有山名曰大荒之山,日月所入。有人焉三面,是颛顼之子,三面一臂,三面之人不死,是谓大荒之野。

西南海之外,赤水之南,流沙之西,有人珥两青蛇,乘两龙,名曰夏后开①。开上三嫔于天②,得《九辩》与《九歌》以下③。此天穆之野,高二千仞,开焉得始歌《九招》。

[注释]①开:即"启"也。汉人避景帝刘启之讳改启作"开"。 ②嫔:配,陪同。甲骨文有"嫔"字,胡厚宣《殷代之天神崇拜》谓其"有配意",即某甲配(陪同)某乙受祭祀。此谓夏后开陪同天帝在天庭(上)宴乐。 ③《九辩》……《九歌》:郭璞注:"皆天帝乐名也。开登天而窃以下用之也。"

有互人之国①。炎帝之孙名曰灵恝②,灵恝生互人,是能上下于天③。

［注释］①互人之国:郭璞注:"人面鱼身。" ②恝:音 qì。 ③是能上下于天:郭璞注:"言能乘云雨也。"

有鱼偏枯,名曰鱼妇。颛顼死即复苏①。风道北来②,天乃大水泉③,蛇乃化为鱼,是为鱼妇④。颛顼死即复苏⑤。

［注释］①颛顼死即复苏:郭璞注:"言其人能变化也。" ②道:从。《韩非子·十过》:"有玄鹤二八,道南方来。"道,由、从。 ③天乃大水泉:郭璞注:"言泉水得风暴溢出。" ④是为……:一本作"是谓……" ⑤颛顼死即复苏:郭璞注:"《淮南子·(地形)》曰,'后稷龙在建木西,其人死复苏,其中为鱼,盖谓此也。'"

有青鸟,身黄,赤足,六首,名曰䰱鸟①。

［注释］①䰱鸟:《海内西经》云:"开明南有树鸟,六首。"疑即此鸟。䰱,音 chù。

有大巫山,有金之山。西南,大荒之中隅①,有偏句、常羊之山②。

［注释］①中隅:一本无"中"字。 ②偏句:《淮南子·地形》:"西南方曰编驹之山。"疑"编驹"即"偏句"。

大荒北经

东北海之外,大荒之中,河水之间,附禺之山①,帝颛顼与九嫔葬焉。爰有鸱久、文贝、离俞、鸾鸟、皇鸟、大物、小物②。有青鸟、琅鸟、玄鸟、黄鸟、虎、豹、熊、罴、黄蛇、视肉、璿、瑰、瑶、碧,皆出卫于山③。丘方圆三百里,丘南帝俊竹林在焉,大可为舟④。竹南有赤泽水⑤,名曰封渊⑥。有三桑无枝⑦。丘西有沈渊,颛顼所浴。

[注释]①附禺:《海外北经》作"务隅",《海内东经》作"鲋鱼",《文选·齐敬皇后哀策文》"遵鲋隅以同琅",李善注引此经作"鲋禺",《后汉书·张衡传》"佡颛顼之宅幽",李贤注引此经作"附禺"与此经同。 ②皇鸟:一本作"凤鸟"。大物、小物:郭璞注:"言备有也。" ③卫于:《艺文类聚》卷89、《初学记》卷28引此经均作"卫丘"。下文"丘方圆……"丘字承此"卫丘"之丘而来。作"卫于"则下文"丘"字无所系也。 ④大可为舟:言帝俊竹林中之竹,一节之大,可以剖之为舟也。 ⑤赤泽水:郭璞注:"水色赤也。" ⑥封:大。 ⑦三桑无枝:郭璞注:"皆高百仞"。此注系经文误作注文。《艺文类聚》卷88、《太平御览》卷955引此经均作经文。

有胡不与之国,烈姓,黍食。

大荒之中,有山,名曰不咸。有肃慎氏之国。有蜚蛭①,四翼。有虫,兽首蛇身,名曰琴虫②。

[注释]①蜚蛭:音fěi zhì。 ②琴虫:蛇类。

有人名曰大人。有大人之国,釐姓①,黍食。有大青蛇,黄头②,食麈③。

[注释]①釐:同"僖"。釐、僖二字古通。 ②黄头:《艺文类聚》卷6引此经作"头方"。 ③食麈:一本作"食鹿"。

有榆山,有鲧攻程州之山①。

[注释]①鲧攻程州之山:郭璞注:"皆因其事而名物也。"

大荒之中,有山名曰衡天。有先民之山。有槃木千里。

有叔歜国①,颛顼之子,黍食,使四鸟:虎、豹、熊、罴。有黑虫如熊状,名曰猎猎②。

[注释]①歜:音cán,一音chù。 ②猎:音xī,或作"狶"。

有北齐之国,姜姓,使虎、豹、熊、罴。

大荒之中,有山名曰先槛大逢之山①,河济所入,海北注焉②。其西有山,名曰禹所积石。

[注释]①先槛:一本作"光槛"。 ②河济所入,海北注焉:郭璞注:"河济注海,已复出海外,入此山中也。"

有阳山者,有顺山者,顺水出焉。有始州之国,有丹山。

有大泽方千里,群鸟所解①。

[注释]①群鸟所解:群鸟所解羽处。

有毛民之国①,依姓②,食黍,使四鸟。禹生均国,均国生役采③,役采生修鞈④,修鞈杀绰人。帝念之,潜为之国⑤,是此毛民。

[注释]①毛民:郭璞注:"其人面体皆生毛。" ②依姓:黄帝之子得姓者十四人为十二姓,中有"依姓"。 ③役采:一本作"役来"。 ④修鞈:一本作"循鞈"。鞈,音 jiá。 ⑤潜为之国:密用之为国。

有儋耳之国①,任姓②,禹号子③,食谷。北海之渚中,有神,人面鸟身,珥两青蛇,践两赤蛇,名曰禺强。

[注释]①儋耳之国:郭璞注:"其人耳大下儋,垂在肩上。朱崖儋耳,镂画其耳,亦以放(仿)之也。" ②任姓:黄帝子十二姓中有任姓。 ③禺号(號):即禺貌,黄帝之子。

大荒之中,有山名曰北极天柜①,海水北注焉。有神,九首人面鸟身,名曰九凤。又有神衔蛇操蛇,其状虎首人身,四蹄长肘,名曰强良②。

[注释]①柜(櫃):一本作"樻"。 ②强良:疑即"强梁"。

大荒之中,有山名曰成都载天。有人珥两黄蛇,把两黄蛇,名曰夸父。后土生信①,信生夸父。夸父不量力,欲追日景②,逮之于禹谷③。将饮河而不足也,将走大泽,未至,死于此④。应龙已杀蚩尤,又杀夸父,乃去南方处之,故南方多雨⑤。

[注释]①后土:共工氏之子句龙也。 ②景:通"影"。 ③禹谷:禹渊,一作"虞渊",日入之处。 ④死于此:渴死于此。 ⑤南方多雨:应龙乃水物,处于南方,故南方多雨。

又有无肠之国①,是任姓。无继子②,食鱼。

[注释]①又有:一本无"又"字。无肠之国:其国之人长大,腹内无肠,所食之物一通而过。 ②无继:国名,即《海外北经》之"无启"。

共工之臣名曰相繇①,九首蛇身,自环②,食于九土③。其所歍所尼④,即为源泽⑤,不辛乃苦⑥,百兽莫能处⑦。禹湮洪水⑧,杀相繇⑨,其血腥臭,不可生谷⑩;其地多水⑪,不可居也。禹湮之,三仞三沮⑫,乃以为池,群帝因是以为台⑬,在昆仑之北。

[注释]①相繇:即《海外北经》之相柳。 ②环:盘转。 ③九土:《海外北经》作"九山",言其贪婪食无餍足也。 ④歍:《说文解字》:"歍,心有所恶若吐也……一曰,口相就。" 尼:《尔雅·释诂》:"尼,止也。" ⑤即为源泽:言相繇多力,所歍所尼,即能使之成源成泽。 ⑥不辛乃苦:言其地气候酷烈,非辛即苦。 ⑦莫能处:畏其酷烈,不能处于此矣! ⑧湮:堵塞。 ⑨杀:堵塞洪水,以水溺杀之。 ⑩谷:《太平御览》卷 375 引此经作"五谷"。 ⑪其地多水:郭璞注:"言其膏血滂流,成渊水也。" ⑫仞:读作牣。牣,满也。沮:坏,地陷坏也。 ⑬因是以为台:借此圮陷之地以为台。

有岳之山①,寻竹生焉②。

[注释]①岳之山:《文选·七命》"寻竹竦茎荫其壑",李善注引此经作"岳出",疑"之山"二字误合为"出"也。　②寻竹:长竹。

大荒之中,有山名不句,海水入焉①。

[注释]①海水入焉:一本"水"下有"北"字。

有係昆之山者①,有共工之台,射者不敢北乡②。有人衣青衣,名曰黄帝女魃③。蚩尤作兵伐黄帝,黄帝乃令应龙攻之冀州之野。应龙畜水,蚩尤请风伯雨师,纵大风雨。黄帝乃下天女曰魃,雨止④,遂杀蚩尤。魃不得复上,所居不雨⑤。叔均言之帝⑥,后置之赤水之北。叔均乃为田祖⑦。魃时亡之⑧。所欲逐之者,令曰:"神北行⑨!"先除水道⑩,决通沟渎。

[注释]①係昆:《太平御览》卷35引此经作"係昆"。　②不敢北乡:郭璞注:"言畏之也。"乡,通"向"。　③女魃:即女妭。《玉篇》"妭"字解曰:"《文字指归》曰:女妭,秃无发。所居之处,天不雨也。"《后汉书·张衡传》"夫女魃北而应龙翔",李贤注引此经作"女妖",然云"妖亦魃也。"《太平御览》卷35、79引此经均作"女妖"。　④雨止:《史记·五帝本纪》"而蚩尤最为暴,莫能伐",《正义》引此经作"以止雨,雨止"。　⑤所居不雨:郭璞注:"旱气在也。"⑥叔均:商均也。　⑦田祖:主田之神。　⑧亡之:疑当为"往之",音同而致字误也。女魃已置之赤水之北,然不忘田祖而时往看顾,故致旱而遭逐。⑨神北行:令神(女魃)归于赤水之北。　⑩先除水道:令神北行则必得雨,故先除水道以利洪水之来。

有人方食鱼,名曰深目民之国,盼姓①,食鱼。

[注释]①盼姓:郭璞注:"亦胡类,但眼绝深,黄帝时姓也。"然黄帝之子中十二姓无"盼"姓。盼,日光也,音 fēn。

有钟山者。有女子衣青衣,名曰赤水女子献。

大荒之中,有山名曰融父山,顺水入焉。有人名曰犬戎。黄帝生苗龙,苗龙生融吾,融吾生弄明①,弄明生白犬,白犬有牝牡②,是为犬戎,肉食。有赤兽,马状无首,名曰戎宣王尸③。

[注释]①弄明:一作"卞明"。《史记·匈奴列传》"周西伯昌伐畎夷氏",《索隐》引此经作"并明"。 ②白犬有牝牡:一本作"白犬二犬,有牝牡"。《史记·周本纪》"明年伐犬戎",《正义》引此经作"白犬有二";《汉书·匈奴传》"周西伯昌伐畎夷",颜师古注引此经作"白犬有二牝牡"。 ③戎宣王尸:郭璞注:"犬戎之神名也。"

有山名曰齐州之山、君山、鬵山①、鲜野山、鱼山。

[注释]①鬵:qián。

有人一目,当面中生,一曰是威姓,少昊之子,食黍。

有继无民,继无民任姓,无骨子①,食气、鱼②。

[注释]①无骨子:无骨之人也。 ②食气:以气为食。《大戴礼记·易本命》:"食气者神明而寿。"

西北海外,流沙之东,有国曰中𦎧①,颛顼之子,食黍。

[注释]①𦎧:一本作"轮"。𦎧,音 biǎn。

有国名曰赖丘。有犬戎国,有神①,人面兽身,名曰犬戎。

[注释]①有神:《史记·周本纪》"明年,伐犬戎",《集解》引此经作"有人",郝懿行以为"是犬戎亦人也,神字疑讹。"然而孤证不立,焉见得不能"有犬戎国,有神(此为犬戎一国之神),人面兽身,名曰犬戎——即犬戎神?"袁珂云"神字应据改",予以为不宜轻改。

西北海外,黑水之北,有人有翼,名曰苗民①。颛顼生骧头,骧头生苗民,苗民釐姓②,食肉。有山名曰章山。

[注释]①苗民:《神异经·西荒经》:"有人面目手足皆人形,而胳下有翼,不能飞;为人饕餮,淫逸无理,名曰苗民。" ②釐:同僖。

大荒之中,有衡石山、九阴山、泂野之山①。上有赤树,青叶,赤华,名曰若木。

[注释]①泂野之山:《水经·若水注》、《艺文类聚》卷89、《文选·甘泉赋》"饮若木之露英",李善注、又《月赋》"嗣若英于西冥",李善注引此经俱作"灰野之山"。

有牛黎之国,有人无骨,儋耳之子①。

[注释]①儋耳之子:郭璞注:"儋耳人生无骨子也。"

西北海之外,赤水之北,有章尾山①。有神,人面蛇身而赤②,直目正乘③,其瞑乃晦④,其视乃明⑤,不食、不寝、不息,风雨是谒⑥。是烛九阴⑦,是谓烛龙⑧。

[注释]①章尾山:《海外北经》作"钟山"。 ②人面蛇身而赤:郭璞注:

"身长千里。"按此注系经文误成注文。《太平御览》卷882引作经文;《艺文类聚》卷79亦引作经文,唯"身长千里"作"身长千尺";《海外北经》亦作"身长千里"。　③直目:目纵处面上。正乘:不解。　④瞑乃晦:闭目为夜。　⑤视乃明:开目为昼。　⑥风雨是谒:郭璞注:"言能请致风雨。"　⑦是烛九阴:郭璞注:"照九阴之幽隐。"九阴:鬼阴。九字通鬼。《史记·殷本纪》九侯一做鬼侯。　⑧烛龙:一名烛阴。《淮南子·地形》:"烛龙在雁门北,蔽于委羽之山,不见日。"因不见日,故又名烛阴。

海 内 经

东海之内,北海之隅,有国名曰朝鲜、天毒①,其人水居,偎人爱之②。

[注释]①天毒:即天竺,今之印度也。 ②偎:爱也。爱之:一本作"爱人"。

西海之内,流沙之中,有国名曰壑市①。

[注释]①壑:音 hǎo。

西海之内,流沙之西,有国名曰氾叶①。

[注释]①氾:音 fàn。

流沙之西,有鸟山者,三水出焉①。爰有黄金、璇瑰、丹货、银铁,皆流于此中②。又有淮山,好水出焉。

[注释]①三水出焉:郭璞注:"三水同出一山也。" ②流于此中:一本作"皆出此水",郭璞注:"言其中有杂珍奇宝也。"

流沙之东,黑水之西,有朝云之国、司彘之国。黄帝妻雷祖①,生昌意,昌意降处若水②,生韩流③。韩流擢首、谨耳、人面、豕喙、麟身、渠股、豚止④,取淖子曰阿女⑤,生帝颛顼。

[注释]①雷祖:又作纍(累)祖、嫘祖。 ②降处:自天下降而处。 ③韩流:郭璞注:"《竹书》云:'昌意降居若水,产帝乾荒。'乾荒即韩流也。生帝颛顼。" ④擢首:郭璞注:"长咽"。豚止:豚足。止字甲文作⩗,足字甲文作⩗,形近而讹。 ⑤取:通娶。

流沙之东,黑水之间,有山名不死之山①。

[注释]①不死之山:郭璞注:"即员丘也。"

华山青水之东,有山名曰肇山,有人名曰柏高①。柏高上下于此,至于天②。

[注释]①柏高:郭璞注:"柏子高,仙者也。" ②至于天:郭璞注:"言翱翔云天,往来此山也。"

西南黑水之间,有都广之野①,后稷葬焉。爰有膏菽、膏稻、膏黍、膏稷②,百谷自生③,冬夏播琴④。鸾鸟自歌,凤鸟自儛,灵寿实华⑤,草木所聚⑥。爰有百兽,相群爰处⑦。此草也⑧,冬夏不死。

[注释]①都广:《后汉书·张衡传·思玄赋》、《文选·思玄赋》作"广都",《太平御览》卷840、841、959、《齐民要术》卷10引此经亦作"广都"。唯《御览》卷837、《艺文类聚》卷6引此经作"都广"。 ②膏菽、膏稻、膏黍、膏稷:郭璞注:"言味好(一本作'好米')皆滑如膏,《外传》曰,膏粱之子,菽豆粱粟也。" ③百谷:《齐民要术》卷10作"百榮"。 ④播琴:郭璞注:"播琴犹播殖,方俗言耳。" ⑤灵寿:郭璞注:"灵寿,木名也,似竹,有枝节。" ⑥所聚:郭璞注:

"在此丛殖也。" ⑦相群爰处:郭璞注:"于此群聚。" ⑧此草:犹言此地之草。

南海之外①,黑水青水之间②,有木名曰若木③。若水出焉④。

[注释]①外:一本作"内",《水经·若水注》引此经亦作"内"。 ②黑水青水之间:《水经·若水注》引此经无"青水"二字。 ③若木:郭璞注:"树赤华青。"《大荒北经》云:"上有赤树,青叶赤华,名曰若木。"知郭注"华青"当作"叶青",一本正作"叶青"。 ④若水出焉:《水经·若水注》:"然若木之生,非一所也。黑水之间,厥木所植,水出其下,故水受其称焉。"而《水经·若水》则云:"若水出蜀郡旄牛徼外,东南至故关,为若水也。"

有禺中之国。有列襄之国,有灵山,有赤蛇在木上,名曰蝡蛇①,木食②。

[注释]①蝡:音 ruǎn。 ②木食:草木为食,言其不食禽兽也。

有盐长之国①。有人焉鸟首②,名曰鸟氏③。

[注释]①有盐长之国:《太平御览》卷797作"西海中有盐长之国。"《北堂书钞》卷157引作"盐长国"。 ②鸟首:《御览》卷797引作"乌首",误;《北堂书钞》卷157仍作"鸟首"。 ③鸟氏:《御览》卷797、《书钞》卷157均作"鸟民"。郭璞注:"今佛书中有此人,即鸟夷也。"《书钞》引"鸟民"下尚有四字:"四地(蚰)相绕。"

有九丘,以水络之①。名曰陶唐之丘②、有叔得之丘、孟盈之丘、昆吾之丘、黑白之丘、赤望之丘、参卫之丘、武夫之丘、神民之丘③。有木,青叶紫茎,玄华黄实,名曰建木,百仞无枝,有九欘④,下有九枸⑤,其实如麻⑥,其叶如芒⑦。大皞爰过⑧,黄帝所为⑨。

[注释]①络:绕也。 ②陶唐:尧号陶唐氏。 ③神民:郭璞注:"言上有神人。"《文选·遊天台山赋》"建木灭景于千寻",李善注引此经作"神人";《书钞》卷157引仍作"神民"。 ④有九欘:《太平御览》卷961引此经作"上有九欘"。郭璞注:"枝回曲也。"郭注一本作"枝上回曲也。"《玉篇》:"欘,枝上曲。"知郭注作"枝上回曲也"是。欘:音zhǔ。 ⑤九枸:郭璞注:"根盘错也。" ⑥麻:指麻子。 ⑦芒:郭璞注:"芒木似棠梨也。" ⑧大皞爰过:郭璞注:"言庖羲于此经过也。" ⑨黄帝所为:郭璞注:"言治护之也。"

有窫窳①,龙首,是食人。有青兽②,人面,名曰猩猩③。

[注释]①窫窳:《海内南经》云:"窫窳龙首,居弱水中。" ②有青兽:《太平御览》卷908、《艺文类聚》卷95引此经均作"有兽",无"青"字。 ③猩猩:亦作"狌狌",能言。《礼记·曲礼》:"猩猩能言,不离禽兽。"

西南有巴国①。大皞生咸鸟②,咸鸟生乘釐,乘釐生后照③,后照是始为巴人。

[注释]①西南:《太平御览》卷168引此经作"海内西南"。 ②大皞:即太皞、太昊,秦汉以后,人以为即"伏羲氏"。 ③后照:《御览》卷168引作"后昭"。

有国名曰流黄辛氏①,其域中方三百里,其出是尘土②。有巴遂山,渑水出焉。

[注释]①流黄辛氏:《海内西经》有流黄酆氏之国。 ②尘土:本"塵"字误析为二。

又有朱卷之国。有黑蛇,青首,食象①。

[注释]①食象:巴蛇也。巴蛇食象。

南方有赣巨人①,人面长臂②,黑身有毛,反踵,见人笑亦笑③,唇蔽其面,因即逃也④。

[注释]①赣巨人:即枭阳,见《海内南经》。赣,音 gǎn。 ②长臂:当作"长唇"。《海内南经》云"枭阳国……其为人人面长唇",是。 ③见人笑亦笑:当作"见人则笑"。 ④因即逃也:一本作"因可逃也"。

又有黑人,虎首鸟足,两手持蛇,方啗之。

有嬴民,鸟足,有封豕①。

[注释]①封豕:大猪。

有人曰苗民,有神焉,人首蛇身,长如辕①,左右有首②,衣紫衣,冠旃冠,名曰延维③,人主得而飨食之,伯天下④。

[注释]①长如辕:郭璞注:"大如车毂,泽神也。" ②左右有首:郭璞注:"岐头。" ③延维:郭璞注:"委蛇"。 ④伯天下:霸天下。伯字古读作"霸"。此指齐桓公事,《庄子·达生篇》云:"桓公田于泽……公曰:'请问委蛇之状何如?'皇子曰:'委蛇其大如毂,其长如辕,紫衣而朱冠,其为物也,恶闻雷车之声,(见)则捧其首而立,见之者殆乎霸。'"

有鸾鸟自歌,凤鸟自舞。凤鸟首文曰德,翼文曰顺,膺文曰仁,背文曰义,见则天下和①。

[注释]①和：郭璞注："言和平也。"

又有青兽如菟，名曰菌狗①。有翠鸟②。有孔鸟③。

[注释]①菌：即菌字。　②翠鸟：《楚辞·招魂》"翡翠珠被"，王逸注："《异物志》云，翠鸟形如燕，赤而雄曰翡，青而雌曰翠。翡大于群（翠），其羽可以饰帏帐。"　③孔鸟：孔雀。

南海之内有衡山，有菌山，有桂山。有山名三天子之都①。

[注释]①三天子之都：《海内南经》载，闽西海北，有"三天子鄣山"；《海内东经》载，浙江出三天子都，庐江出三天子都，一曰天子鄣。

南方苍梧之丘，苍梧之渊，其中有九嶷山①，舜之所葬，在长沙零陵界中。

[注释]①九嶷山：郭璞注："山今在零陵营道县南，其山九谿皆相似，故云九疑。古者总名，其地为苍梧也。"

北海之内，有蛇山者，蛇水出焉，东入于海。有五采之鸟，飞蔽一乡①，名曰翳鸟②。又有不距之山，巧倕葬其西③。

[注释]①飞蔽一乡：《文选·思玄赋》"感鸾鹥之特栖兮"，李善注引此经作"飞蔽"。　②名曰鹥鸟：《文选·思玄赋》李善注引作"曰名鹥鸟"。《后汉书·张衡传》引此经作"名鹥"。　③倕：郭璞注："倕，尧巧工也。"音ruì。

北海之内，有反缚盗械①，带戈常倍之佐②，名曰相顾之尸③。

［注释］①盗械：凡以罪着械，皆得称盗械。　②带戈常倍之佐：其义不详。　③相顾之尸：郭璞注："亦'贰负'臣'危'之类。"

伯夷父生西岳①，西岳生先龙，先龙是始生氐羌，氐羌乞姓。

［注释］①伯夷父：郭璞注："伯夷父颛顼师，今氐羌其苗裔也。"《汉书·古今人表》曰："柏夷亮父颛顼师。"《新序·杂事五》："颛顼学伯夷父。"

北海之内，有山，名曰幽都之山①，黑水出焉，其上有玄鸟、玄蛇、玄豹、玄虎、玄狐蓬尾②。有大玄之山，有玄丘之民③；有大幽之国④，有赤胫之民⑤。

［注释］①幽都：《艺文类聚》卷99引此经作"武都"。　②蓬：丛也。③玄丘之民：郭璞注："言丘上人物尽黑也。"　④大幽之国：郭璞注："即幽民也，穴居无衣。"　⑤赤胫之民：郭璞注："膝已下正赤色。"

有钉灵之国①，其民从膝以下有毛，马蹄善走。

［注释］①钉灵之国：《三国志·魏志·乌丸鲜卑东夷传》裴松之注附西戎传引《魏略》曰："乌孙长老言，北丁令有马胫国，其人音声似雁鹜，从膝以上身头人也，膝已下生毛，马胫马蹄，不骑马，而疾走马。"此北丁令之马胫国，即经文所言之"钉灵之国"也。

炎帝之孙伯陵，伯陵同吴权之妻阿女缘妇①。缘妇孕三年，是生鼓、延、殳，始为侯。鼓、延是始为钟，为乐风②。

［注释］①同：通也，言淫之也。　②为乐风：郭璞注："作乐之曲制。"

黄帝生骆明，骆明生白马，白马是为鲧。

帝俊生禹号，禹号生淫梁①，淫梁生番禺，是始为舟②。番禺生奚仲，奚仲生吉光，吉光是始以木为车③。

[注释]①淫梁：《北堂书钞》卷137引此经作"经梁"。　②番禺，是始为舟：郭璞注："《世本》云，共鼓货狄作舟。"　③吉光是始以木为车：郭璞注："《世本》云，'奚仲作车'。此言吉光，明其父子共创作意，是以互称之。"

少皞生般，般是始为弓矢①。

[注释]①般是始为弓矢：郭璞注："《世本》云，'牟夷作矢，挥作弓'。弓矢一器，作者二人，于义有疑。此言般之作是。"

帝俊赐羿彤弓素矰①，以扶下国②，羿是始去恤下地之百艰③。

[注释]①彤弓素矰：郭璞注："彤弓，朱弓；矰，矢名。以白羽羽之。《外传》(《国语·吴语》)'白羽之矰，望之如荼'也。"　②以扶下国：郭璞注："言令羿以射道除患，扶助下国。"　③去恤下地之百艰：郭璞注："言射杀凿齿、封豕之属也。有穷后羿慕羿射，故号此名也。"

帝俊生晏龙，晏龙是为琴瑟①。

[注释]①是为琴瑟：《北堂书钞》卷109引此经作"是始为瑟"。《太平御览》卷577引此经作"始为琴瑟"。郭璞注："《世本》云伏羲作琴，神农作瑟。"而《说文》则曰："琴，神农所作"，"瑟，庖(伏)牺所作。"

帝俊有子八人，是始为歌舞①。

[注释]①帝俊有子八人，是始为歌舞：《初学记》卷15、《艺文类聚》卷43、《太平御览》卷572引此经均作"帝俊八子，是始为歌。"

帝俊生三身,三身生义均①,义均是始为巧倕,是始作下民百巧。后稷是播百谷。稷之孙曰叔均,是始作牛耕②。大比赤阴③,是始为国④。禹鲧是始布土⑤,均定九州。

[注释]①义均:传说中的人物,有义均、叔均、商均……传闻异辞,或是一人。 ②牛耕:以牛犁田。《大荒西经》:"有人方耕……叔均……始作耕。"《太平御览》卷822引《山海经》"后稷播百谷,始作耕",均无"牛"字。 ③大比赤阴:其义不详,疑为"大妣××"之讹。阴,郭璞注:"或作音。" ④是始为国:从此得封为国。 ⑤布:敷。

炎帝之妻①,赤水之子听䚯生炎居,炎居生节并,节并生戏器,戏器生祝融,祝融降处于江水,生共工,共工生术器,术器首方颠②,是复土穰③,以处江水④。共工生后土,后土生噎鸣,噎鸣生岁十有二⑤。

[注释]①炎帝之妻:《史记索隐》"补三皇本纪"云:"神农纳奔水氏之女曰听䚯为妃,生帝魁,魁生帝承,承生帝明,明生帝直……"所云"奔水"拟即经文"赤水"欤?"听䚯"拟即"听䚯"欤? ②首方颠:郭璞注:"头顶平也。" ③穰:一本作壤。 ④以处江水:郭璞注:"复祝融之所也。" ⑤生岁十有二:郭璞注:"生十二子皆以岁名名之,故云然。"按,十二岁之名,文献有征。《史记·天官书》云:"摄提格岁……单阏岁……执徐岁……大荒骆岁……敦牂岁……叶洽岁……涒滩岁……作鄂岁……阉茂岁……大渊献岁……困敦岁……赤奋若岁。"

洪水滔天①。鲧窃帝之息壤以堙洪水②,不待帝命。帝令祝融杀鲧于羽郊③。鲧复生禹④,帝乃命禹卒布土以定九州⑤。

[**注释**]①滔:漫。　②息壤:郭璞注:"息壤者言土自长息无限,故可以塞洪水也。《开筮》曰:'滔滔洪水,无所止极,伯鲧乃以息石息壤,以填洪水。'汉元帝时,临淮徐县地踊长五六里,高二丈,即息壤之类也。"案:郭璞所谓之息壤,乃地震时地壳运动,造成之地层表面胀缩现象,非"土自长息无限"也。③羽郊:羽山之郊。　④复:腹之借字。　⑤帝乃命禹……:鲧治水不成,帝乃命禹治成之。

参 考 文 献

［东晋］郭璞:《山海经传》十八卷,南宋淳熙七年池阳郡斋尤袤刻本,中华书局1983年影印古逸丛书三编之四。

［东晋］郭璞:《山海经传》十八卷,明正统十年刻道藏本,涵芬楼1925年影印(原缺第十四、十五卷)。

［明］杨慎:《山海经补注》,清光绪元年湖北崇文书局刻百子全书本。

［清］吴任臣:《山海经广注》十八卷,《图》五卷,清乾隆五十一年金阊书业堂刻本。

［清］毕沅:《山海经新校正》一卷,《古今篇目考》一卷,清乾隆四十六年毕沅灵岩山馆刻经训堂丛书本。

［清］郝懿行:《山海经笺疏》十八卷,《图赞》一卷,《订讹》一卷,清嘉庆十四年阮元琅环仙馆刻本。

［清］吴承志,《山海经地理今释》六卷,1922年求恕斋刻本。

袁珂:《山海经校注》,上海古籍出版社,1980年版。

《十三经注疏》,中华书局,1980年影印本。

王聘珍:《大戴礼记解诂》,中华书局,1983年版。

朱谦之:《老子校释》,中华书局,1984年版。

孙诒让:《墨子闲诂》,中华书局,1954年版。

王先谦:《庄子集解》,中华书局,1954年版。

王先谦:《荀子集解》,中华书局,1988年版。

洪兴祖:《楚辞补注》,中华书局,1957年影印本。

《穆天子传》,商务印书馆四部丛刊本。

徐宗元:《帝王世纪辑存》,中华书局,1964年版。

宋衷等:《世本八种》,商务印书馆,1957年版。

范祥雍:《古本竹书纪年辑校订补》,上海人民出版社,1957年版。

《战国策》,上海古籍出版社,1985年版。

《国语》,上海古籍出版社,1978年版。

苏舆:《春秋繁露义证》,中华书局,1992年版。

杨伯峻:《列子集释》,中华书局,1979年版。

刘文典:《淮南鸿烈集解》,中华书局,1989年版。

陈奇猷:《吕氏春秋校释》,学林出版社,1984年版。

《论衡》,上海人民出版社,1974年版。

段玉裁:《说文解字注》,上海古籍出版社,1981年影印本。

《宋本玉篇》,中国书店,1983年影印本。

《宋本广韵》,中国书店,1982年影印本。

王念孙:《广雅疏证》,中华书局,1983年版。

泷川资言:《史记会注考证》,上海古籍出版社,1986年影印本。

王先谦:《汉书补注》,中华书局,1983年影印本。

王先谦:《后汉书集解》,中华书局,1984年影印本。

卢弼:《三国志集解》,中华书局,1982年影印本。

王利器:《颜氏家训集解》,上海古籍出版社,1980年版。

瞿昙悉达:《唐开元占经》,中国书店,1989年影印本。

徐坚等:《初学记》,中华书局,1962年版。

欧阳询:《艺文类聚》,上海古籍出版社,1965年版。

虞世南:《北堂书钞》,中国书店,1989年影印本。

《太平御览》,中华书局,1960年影印本。

王应麟:《玉海》,江苏古籍出版社、上海书店,1987年影印本。

萧　统:《六臣注文选》,中华书局,1987年影印本。

干　宝:《搜神记》,中华书局,1979年版。

段成式:《酉阳杂俎》,中华书局,1981年版。

葛　洪:《西京杂记》,中华书局,1985年版。

范　宁:《博物志校证》,中华书局,1980年版。

胡厚宣总编辑:《甲骨文合集》,中华书局1979—1982年影印。

考古所:《小屯南地甲骨》,中华书局,1980年影印本。

李学勤等:《英国所藏甲骨集》,中华书局,1985年影印本。

孙海波:《甲骨文编》,中华书局,1965年影印本。

容　庚:《金文编》,中华书局,1985年影印本。

胡厚宣:《甲骨学商史论丛》,齐鲁大学国学研究所1944—1946年专刊。

陈梦家:《殷墟卜辞综述》,科学出版社,1956年版。

闻一多:《楚辞校补》,《闻一多全集》,三联书店,1982年版。

国光红:《九歌考释》,齐鲁书社,1999年版。

郑慧生:《上古华夏妇女与婚姻》,河南人民出版社,1988年版。

后　　记

　　经济社会，动不动就要钱。出书要缴赞助费，写稿要缴版面费，申请学位要缴答辩费，评定职称要缴评审费，考评过关要缴检查费……前几年，收到从英国伦敦寄来的一张表格，要我填份自传寄去，以登载于《世界名人录》上，我高兴得合不上嘴。但一看信的末行，每份自传收费七百美元，我傻了，合不上的嘴巴长抽一口冷气，合上了。

　　我问朋友，世界上哪会有傻瓜去拿七百美金来上这个当呢？朋友说：有人。但人家不是傻瓜，人家是官，有权拿公款去报销！

　　我生也寒碜，从上学到教书，从无一官半职，只在"文化大革命"中被揪进牛棚，当过几天棚长。此外奋斗一生，从没有和官字沾过边儿。不当官，哪来的权？没有权，找哪个秘书去报销？

　　不久就听说教头登上了名人录，还为此上了省报。我不屑一顾，只恨自己没有当官。

　　不料天无绝人之路，不要资助还给钱的事竟找上门来。振宏约我写《〈山海经〉注说》，不收赞助费、版面费，还给稿酬。我像赵丽蓉演小品，高兴得直叫："总……总监，你给我 DV，还要给我钱？"振宏同志要我在合同上签字，我毫不犹豫地写上了自己的名字——是身份证上的名字，不是"玛拉吉斯"。至于要出版的书，振宏同志让我放手写去，他不加干涉，不要"如此包装"。但我也从此累得上气不接下气，合不上嘴巴！

　　书写成了，出版社照章履行合同，振宏也没有提出要扣"劳务费"。长江后浪推前浪，我比赵丽蓉老师幸福。

　　让那些赞助费、版面费、评审费……见鬼去吧！我只要稿费。

　　"君子固穷"，穷就知道要钱。但那句话是孔子说的，他是我们知识分子的祖师爷，可也是个穷酸。

2007 年 6 月 9 日于仁和小区住室

近期国学读物要目

国学新读本

诗经　梁锡锋　注说
论语　臧知非　注说
尚书　姜建设　注说
国语　曹建国　张玖青　注说
孔子家语　杨朝明　注说
山海经　郑慧生　注说
墨子　苏凤捷　程梅花　注说
孟子　何晓明　周春健　注说
庄子　曹础基　注说
荀子　杨朝明　注说
韩非子　赵沛　注说
孙子兵法　赵国华　注说
楚辞　李中华　邹福清　注说
潜夫论　王健　注说
文心雕龙　戚良德　注说
商君书　徐莹　注说
战国策　张彦修　注说
淮南子　杨有礼　注说
老子　曹峰　注说
礼记　杨天宇　注说
吕氏春秋　张福祥　注说
世说新语　赵成林　陈艳　注说
史通　李振宏　注说
春秋繁露　曾振宇　注说

百年河大国学旧著新刊

河洛方言诠诂　王广庆　著
三统历表　邵瑞彭　著
中国戏剧概论　卢前　著
晚明思想史论　嵇文甫　著
论语新探　赵纪彬　著

天问研究　孙作云　著
汉魏六朝文学史　李嘉言　著
金艺文志　金登科记考　万曼　著
唐集叙录　万曼　著
中国文学史新编　张长弓　著
汉碑集释　高文　著
袁中郎研究　任访秋　著
东夷杂考　李白凤　著
宋会要辑稿考校　王云海　著
长江集新校　李嘉言　著
高适岑参选集　高文　王刘纯　选著
花间集注　华锺彦　著
庆湖遗老诗集校注　王梦隐　著
曾瑞散曲集校注　李春祥　著
辛弃疾选集　佟培基　选著

于安澜书画学四种
画论丛刊
画史丛书
画品丛书
书学名著选

元典文化丛书
中华第一经——《周易》与中国文化　宋会群　苗雪兰　著
教化百科——《诗经》与中国文化　孙克强　张小平　著
经国治民之典——《周礼》与中国文化　郝铁川　著
哲人的智慧——《老子》与中国文化　高秀昌　龚力　著
圣人箴言录——《论语》与中国文化　李振宏　著
武学圣典——《孙子兵法》与中国文化　龚留柱　著
亚圣思辨录——《孟子》与中国文化　何晓明　著
逍遥之祖——《庄子》与中国文化　白本松　王利锁　著
外王之学——《荀子》与中国文化　张曙光　著
中国帝王术——《韩非子》与中国文化　王宏斌　著
史家绝唱——《史记》与中国文化　邓鸿光　著
诸经总龟——《春秋》与中国文化　涂文学　周德钧　著
管理宝典——《管子》与中国文化　袁闯　著
纵横家书——《战国策》与中国文化　张彦修　著
人仙之间——《抱朴子》与中国文化　徐仪明　冷天吉　著

医学圣典——《黄帝内经》与中国文化　王庆宪　梁晓珍　著
礼乐渊薮——《礼记》与中国文化　黄宛峰　著
词章之祖——《楚辞》与中国文化　李中华　著
星学宝典——《历书天官书》与中国文化　郑慧生　著
天人衡中——《春秋繁露》与中国文化　曾振宇　范学辉　著
王政全书——《吕氏春秋》与中国文化　张富祥　著
神话之源——《山海经》与中国文化　高有鹏　孟芳　著
新道鸿烈——《淮南子》与中国文化　杨有礼　著
史家龟鉴——《史通》与中国文化　曾凡英　著
政事纲纪——《尚书》与中国文化　姜建设　著
春秋弦歌——《左传》与中国文化　龚留柱　著
平民理想——《墨子》与中国文化　苏凤捷　程梅花　著
人伦本原——《孝经》与中国文化　臧知非　著
法典之王——《唐律疏议》与中国文化　徐永康　吉霁光　郑取　著
文论巨典——《文心雕龙》与中国文化　戚良德　著

宋代研究丛书

北宋诗学　张海鸥　著
宋代东京研究　周宝珠　著
宋代地域经济　程民生　著
宋代监察制度　贾玉英　著
宋代官员选任和管理制度　苗书梅　著
宋代地域文化　程民生　著
宋代文学通论　王水照　主编
宋代司法制度　王云海　主编
宋代教育　苗春德　主编
清明上河图与清明上河学　周宝珠　著
宋代文化史　姚瀛艇　主编
黄庭坚与宋代文化　杨庆存　著
宋代交通管理制度研究　曹家齐　著
岳飞和南宋前期政治与军事研究　王曾瑜　著
成圣之道——北宋二程修养工夫论之研究　温伟耀　著
宋代绘画研究　邓乔彬　著

汉语史专书语法研究丛书

《三朝北盟会编》语法研究　刁晏斌　著
《荀子》虚词研究　黄珊　著
《晏子春秋》词类研究　姚振武　著

《聊斋俚曲》语法研究　冯春田　著
《孟子》词类研究　崔立斌　著
《朱子语类辑略》语法研究　吴福祥　著
敦煌变文12种语法研究　吴福祥　著
《吕氏春秋》句法研究　殷国光　著
《尚书》语法论稿　钱宗武　著
《左传》语法研究　何乐士　著
《元典章·刑部》语法研究　李崇兴　祖生利　著
汉语语法史断代专书比较研究　何乐士　著

图书在版编目(CIP)数据

山海经/郑慧生注说.—开封:河南大学出版社,
2008.3(2015.1重印)
(国学新读本)
ISBN 978-7-81091-741-4

Ⅰ.山… Ⅱ.郑 Ⅲ.①历史地理－中国－古代
②山海经－注释 Ⅳ.K928.631

中国版本图书馆CIP数据核字(2008)第002874号

责任编辑　刘小敏
封面设计　马　龙

出版发行　河南大学出版社
　　　　　地址:河南省开封市明伦街85号　邮编:475001
　　　　　电话:0371-22825003(营销部)　网址:www.hupress.com
排　版　郑州市今日文教印制有限公司
印　刷　开封智圣印务有限公司
版　次　2008年3月第1版　　印　次　2015年1月第2次印刷
开　本　650mm×960mm　1/16　印　张　16.5
字　数　204千字　　　　　　　印　数　2001－3000册
定　价　30.00元

(本书如有印装质量问题请与河南大学出版社营销部联系调换)